시끌벅적 세계의 시장

사진 제공 국립중앙박물관, 국립춘천박물관, 부산광역시립박물관, 국립민속박물관, 대구향토박물관, 대구역사박물관, 연합뉴스, Wikimedia Commons, Pixabay, 크라우드픽, Unsplash, iStock by Getty Images

| 일부 저작권자와 연락이 닿지 않은 사진에 대해서는 확인되는 대로 게재 허가를 받도록 노력하겠습니다. |

시끌벅적 세계의 시장

초판 1쇄 발행 2022년 3월 21일
초판 2쇄 발행 2023년 4월 11일

지은이 유경숙
그린이 한호진

펴낸이 권은수 **펴낸곳** 도서출판 봄볕
만듦 박찬석·서현미 **꾸밈** 나비 **가꿈** 성진숙 **알림** 강신현 **살림** 권은수
함께 만든 곳 피오디 북, 가람페이퍼

등록 2015년 4월 23일 제25100-2015-000031호
주소 서울특별시 서대문구 서소문로 37 1406호(합동, 충정로대우디오빌)
전화 02-6375-1849 **팩스** 02-6499-1849
전자우편 springsunshine@naver.com **블로그** http://blog.naver.com/springsunshine
스마트스토어 http://smartstore.naver.com/shinybook
인스타그램 @springsunshine0423
ISBN 979-11-90704-50-2 73300

ⓒ 유경숙, 2022

- 책값은 뒤표지에 적혀 있습니다. • 봄볕은 올마이키즈와 함께 어린이를 후원합니다.
- 이 책은 콩기름을 이용한 친환경 방식으로 인쇄했습니다.
- KC마크는 이 제품이 공통안전기준에 적합함을 의미합니다.
- 이 책은 저작권법에 따라 보호받는 저작물이므로 무단 전재와 복제를 금합니다.

시끌벅적
세계의
시장

유경숙 지음 | 한호진 그림

봄볕

들어가는 말 8

1장 시장의 탄생

시장은 어떻게 탄생했을까? 12

시장은 어떤 종류가 있을까? 17

시장은 어떤 역할을 할까? 23

시장은 어떤 지형에서 발달할까? 30

2장 우리나라의 시장

우리나라 최초의 전통 시장은? 38

우리나라 대표 전통 시장은?
독립운동의 중심이 된 시장을 기억하나요? - 병천 장터   42
남대문에 없는 물건은 세상 어디에도 없다 - 남대문 시장   44
365일 불이 꺼지지 않는 패션 산업의 중심 - 동대문 시장   48
전쟁이 만들어 낸 슬픈 역사의 흔적 - 부산 국제시장   51
전라도와 경상도가 만나는 장터 - 화개 장터   54
떡갈비 냄새 솔~솔~ 풍기는 '가마니장' - 광주 송정 시장   57
1년에 두 번 열리던 조선 시대의 약국 - 대구 약령시장   61
기쁨과 눈물이 교차하는 곳 - 횡성 우시장   65
짭조름한 젓갈 향이 가득한 곳 - 강경 젓갈 시장   71

• **한눈에 보는 우리나라의 전통 시장**   76

3장 세계의 시장

무지개 지붕으로 거듭난 수도원의 변신 - 스페인 산타 카테리나 시장 80

풍차 나라를 부유하게 만든 치즈의 마술 - 네덜란드 알크마르 치즈 시장 86

셰프가 사랑한 런던의 부엌 - 영국 버러 마켓 92

세상에서 가장 큰 골목 예술 시장 - 프랑스 생투앙 벼룩시장 97

천 명이 함께 모여 소통하는 시장 - 독일 빅투알리엔 시장 103

실크로드의 종착역에 생겨난 거대한 미로 - 터키 그랜드 바자르 시장 110

낙타가 화장도 하는 낙타 축제 - 인도 푸쉬카르 낙타 시장 118

참치 한 마리에 7억 원? 세계 수산물 거래량 1위 - 일본 쓰키지 시장 126

조각배 위 뜨끈한 국수 한 그릇 - 베트남 까이랑 수상 시장 131

세상에서 가장 위험한 시장 - 태국 매끌렁 기찻길 시장 137

신바람 나는 농부들의 축제 - 미국 파머스 마켓 143

탱고의 리듬이 흐르는 낭만의 골목 - 아르헨티나 산텔모 일요 시장 150

'거인의 미술 시간'이 된 고대 성벽 시장 - 모로코 메디나 가죽 시장　158

흑인 노예를 팔던 슬픈 역사의 공간 - 남아프리카 공화국 그린 마켓　166

• 한눈에 보는 세계의 시장　172

4장 시장의 미래

시장은 어떤 과정을 거쳐 성장했을까?　176

오늘날 시장이 쇠락하는 이유는 무엇일까?　181

시장의 현대화! 과연 필요할까?　184

다른 나라의 시장은 급변하는 환경을 어떻게 극복할까?　186

앞으로 시장은 어떻게 변할까?　193

나오는 말　198

들어가는 말

시장은 온갖 물건이 모여 있는 곳이에요. 신선한 생선부터 육류, 채소와 과일, 의류, 가구, 생활용품까지 없는 것이 없어요. 우리에게 필요한 물건을 손쉽게 제공해 주는 공간이 바로 시장이에요.

'시장'을 생각하면 어떤 이미지가 떠오르나요? 시장 안에 와글와글 북적대는 사람들이 생각나지 않나요? 가끔 주말이나 명절 연휴에 전통 시장에 가면 너무 사람이 많아서 한 발짝도 움직일 수 없을 때도 있을 거예요. 옷을 사려고 나온 사람, 식료품과 밑반찬을 사려고 나온 사람, 건강식품부터 생활용품을 사려고 나온 사람 등 다양해요. 최근에는 TV에 나온 시장 맛집을 탐방하는 사람이 늘어나면서 전통 시장의 모습이 바뀌고 있어요. 그만큼 우리 생활 속에서 시장이 중요한 역할을 해 왔다는 의미예요.

학교에서도 시장의 개념을 가르치며, 시장의 역할과 중요성을 강조하고 있어요. 시장에서는 상인, 소비자, 중간 도매상이 함께 어우러져 경제 활동이 이루어지기 때문이에요. 시장은 학생들이 실질적인 경제 활동을 가장 쉽게 체험할 수 있는 곳이에요. 시장에서 생선 한 마리를 살 때 생선이 시장까지 오게 된 과정을 한번 상상해 보세요. 먼 바다에서 어부가 생선을 잡아 도매상인에게 팔고 도매상인은 잡은 생선을 도시로 가져와 약간의 이

익을 붙여 시장 상인에게 다시 팔아요. 도매상인에게 생선을 대량으로 구매한 시장 상인은 소비자에게 적절한 가격으로 한 마리씩 나누어 팔지요. 시장의 구조를 살펴보면 우리가 맛있게 먹는 생선이 어떤 과정을 거쳐 우리에게 왔는지 자세히 알 수 있어요. 이런 이유로 학자들은 시장을 가리켜 살아 있는 '경제 교과서'라고도 말해요. 그만큼 시장에는 많은 이야기가 숨어 있고, 경제, 역사, 문화가 살아 숨 쉬기 때문이에요.

  이 책에서는 우리나라뿐 아니라 세계 각지에서 오랫동안 사랑받아 온 대표 시장을 살펴보려고 해요. 모든 나라에는 그 나라 사람의 먹거리와 생필품을 책임지는 시장이 발달해 있어요. 오랜 역사를 지닌 전통 시장일수록 규모가 크고 볼거리뿐 아니라 놀라운 이야깃거리도 가득해요.

  어려운 사람을 돕기 위해 먹을 것을 나눠 주던 수도원 자리에 희망의 꽃처럼 생겨난 전통 시장이 있는가 하면 낙타를 상전처럼 모시며 낙타의 발톱까지 손질해 주는 먼지 가득한 낙타 시장, 2,500여 개의 예술품과 상점이 모여 있는 골목 예술 시장, 성벽 안에 숨어 있어 미로 게임처럼 찾아다녀야 하는 가죽 시장 등 세계의 시장에는 특별하고 흥미로운 이야기가 다양하게 펼쳐져요.

  지금부터 각 나라의 역사와 시간을 간직한 세계의 시장을 구석구석 살펴볼 거예요. 천년을 이어 온 시간의 교과서 같은 세계의 시장 속으로 함께 떠나 볼까요?

위경숙

시장은 어떻게 탄생했을까?

　시장市場은 사람들이 한데 모여 곡식, 과일, 생활용품 등 여러 가지 물건을 사고파는 고정된 장소를 말해요. 과거에는 시전市廛, 저자, 장시場市, 짧게 줄여서 장場이라고 불렀어요. 우리나라에 시장이 처음 생겨난 건 삼국 시대라고 전해져요. 삼국 시대 이전에는 시장이 없었어요. 시장이 없었다면 사람들은 필요한 물건을 어디에서 구했을까요?
　삼국 시대보다 더 오래전에는 필요한 물건을 스스로 만들어 쓰는 자급자족 사회였어요. 필요한 건 무엇이든 직접 만들거나 스스로 농사를 지어야 했지요. 그러니 당시 사람들의 생활은 아주 불편하고 궁핍할 수밖에 없었죠. 생활에 필요한 모든 것을 개인이 다 만들 수는 없었으니까요. 심지어 사람들은 필요한 물건을 다른 곳에서 구하고 싶어도 어디로 가야 할지 알 수도 없었어요.

그렇게 시간이 흐르면서 자급자족의 한계를 느낀 사람들은 조금씩 지혜를 짜내기 시작했어요. 이웃끼리 서로 필요한 물건을 바꾸어 쓰며 물물 교환을 시작한 거예요. 농촌에서 벼농사를 짓는 농부는 쌀은 넘쳐 났지만 생선 같은 다른 먹거리는 쉽게 구경할 수 없었어요. 반대로 어촌에서 고기를 잡는 어부는 매일 다양한 생선을 먹을 수 있었지만 쌀 같은 곡물은 구하기 어려웠어요. 때문에 농부와 어부는 중간 지점에서 만나 필요한 물건을 바꾸어 쓰는 물물 교환을 하는 거예요.

자급자족 사회를 거쳐 물물 교환의 시대가 되자 사람들은 다양한 물건을 구할 수 있게 되었고, 생활도 전보다 풍요로워졌어요. 하지만 곧 한계가 찾아왔어요. 물물 교환을 해도 해결되지 않는 게 있었지요. 바로 '정보'랍니다. 내게 필요한 물건을 누가 갖고 있는지, 어디로 가면 만날 수 있는지 알 방법이 없었어요. 그래서 당시 사람들은 장소와 시간을 정해 최초의 '시장'을 만들게 되었어요. 오랜 경험을 통해 얻은 학습의 결과였지요. 매월 보름달이 뜨는 다음 날, 한강 나루터 앞에서 시장을 여는 거예요. 그러면 사람들은 각자 팔고자 하는 물건과 사고 싶은 물건을 시장에서 좀 더 편리하게 바꿀 수 있었어요.

시장의 형성 과정

자급자족

물물 교환

이렇게 시장은 삼국 시대에 사람들의 생활 속에서 자연스럽게 생겨났어요. 조선 시대에 농업 기술이 점점 발달하며 시장은 15세기 후반부터 급격히 확산되었고 16세기 중엽부터는 전국에 시장이 골고루 발달하게 되었어요. 시장이 형성되고 사람들 간의 거래가 활발해지면서 화폐가 생겼지요. 사람들은 화폐를 사용하면서 다른 사람과 좀 더 쉽게 물건을 교환하고 필요한 물건을 살 수 있었어요.

물품 화폐 사용

시장 형성

우리나라 최초의 화폐는?

선사 시대부터 사람들은 물물 교환을 했어요. 소금, 가죽, 곡물처럼 사람들에게 꼭 필요한 물건을 물물 교환의 기준으로 삼았어요. 물물 교환의 기준이 되는 물품은 시대나 지역, 생활 환경에 따라 조금씩 달라졌어요. 주로 들고 다니기 쉬운 조개껍데기와 작은 돌이 물품 화폐로 쓰였지요. 그 밖에도 동물의 이빨과 깃털, 담요, 옷감 등이 두루 사용되었어요. 오늘날 우리가 사용하는 화폐처럼 공식 화폐는 아니었지만, 거래를 쉽게 할 목적으로 고대 사람들이 사용했던 거예요. 역사학자들은 이것을 물품 화폐라고 불러요.

우리나라에는 언제 화폐가 만들어졌을까요? 우리나라 최초의 화폐는 고려 시대 성종 15년(996년) 때 만들어진 건원중보예요. 조선 시대에는 상평통보가 널리 쓰였어요. 하지만 그전부터 물물 교환을 하면서 가지고 다니기 쉽고 썩지 않는 물품이 화폐 역할을 했어요. 조개로 만든 화폐 외에 소금, 가죽, 토산물 등이 화폐로 쓰였지요. 지금도 돈과 관련된 한자를 보면 조개 패貝 자가 들어가 있는데 여기에서 유래한 거예요.

건원중보

상평통보

시장은 어떤 종류가 있을까?

시장은 성격에 따라 여러 형태가 있어요. 도시 중심에 있는 백화점도 시장의 한 종류이고 아울렛이나 장난감 백화점도 시장의 한 종류예요. 시장은 장소에 얽매이지 않아요. 사람들이 모여 물건을 사고파는 곳이라면 어디든 시장이라 할 수 있어요.

그렇다면 시장은 어떤 기준으로 구분할 수 있을까요? 대표적인 시장이 날짜를 기준으로 만들어진 거예요. 오늘날 우리나라에 가장 많이 남아 있는 것이 오일장이에요. 오일장은 지역마다 5일에 한 번

씩 주기적으로 열리는 시장이에요. 시장의 상인들은 대부분 판매자인 동시에 생산자이기 때문에 오일장처럼 주기적인 시장이 훨씬 유리했지요.

 이외에도 10일에 한 번씩 열리는 10일장, 일주일에 한 번씩 열리는 주시, 1년에 한 번씩 열리는 연시도 있어요. 특히 조선 시대에는 시장이 본격적으로 번성하였는데 한 달에 두 번씩 열리는 15일장이 대표적이었어요. 우리나라의 주요 도시에는 주로 매일 열리는 상설 시장과 지역 도시의 오일장이 남아 있지만, 해외에는 일주일에 한 번씩 열리는 주시 그러니까 특정 요일에만 열리는 요일 시장이 더 발달했지요. 목요 시장, 일요 시장, 이렇게 말이에요.

위치나 장소에 따라 시장을 구분하기도 해요. 오늘날에는 사라졌지만 중앙에서 크게 열리는 큰 시장을 경시, 지방에서 열리는 시장을 향시라고 불렀어요. 중앙에서 열리는 경시에는 나라에서 허가를 받은 시전과 허가를 받지 않은 난전이 있었어요. 옛시 드리미를 보면 서민들이 난전에서 자유롭게 장사하는 모습을 쉽게 볼 수 있지요.

과거에는 아침저녁으로 잠깐씩 생겼다가 사라지는 조석시가 인기 있었어요. 사람들이 자주 드나드는 거리에 좌판을 깔고 아침저녁으로 번개처럼 나타났다가 사라지는 독특한 시장이에요. 조석시는 장 보러 멀리 가기 힘든 가난한 서민들에게 값싸고 신선한 음식을 제공해 주었대요. 오늘날에도 조석시의 형태가 조금씩 남아 있어요. 경상도나 전라도 등 지방으로 갈수록 할머니 할아버지들이 운동 삼아 새벽 시장에 다니는 모습을 종종 볼 수 있을 거예요.

상품 종류에 따라 시장을 구분하기도 해요. 채소와 곡물, 과일을 파는 농산물 시장과 생선과 조개류를 파는 수산물 시장이 익숙할 거예요. 소, 돼지, 염소, 오리 등을 전문으로 파는 가축 시장도 있고, 몸에 좋은 한약재를 파는 약재 시장, 매일 조금씩 짧은 기간 일할 사람을 찾는 인력 시장도 있어요. 예를 들어 대구의 약령시장은 350년의 역사를 지닌 유서 깊은 약재 전문 시장이에요.

이렇게 오늘날의 시장은 상품의 종류에 따라 구분할 수 있어요.

생산자 바다에서 고기를 잡는 어부

도매상인 산지에서 물건을 구매해 지역의 상인에게 판매하는 유통 상인

소매상인 도매상인에게 구입한 물건을 소비자에게 판매하는 상인

소비자 구입한 생선을 맛있게 먹는 사람

그렇다면 요즘 아이들이 가장 좋아하는 시장은 어느 곳일까요? 장난감 시장보다 게임기 시장이 훨씬 인기 있다고 해요.

마지막으로 여러분이 꼭 알아야 할 것이 있어요. 바로 소매시장과 도매시장의 개념이에요. 소매는 소비자를 대상으로 물건을 소량으로 판매하는 것을 말해요. 동네 골목마다 있는 슈퍼마켓, 과일 가게, 채소 가게 등이 모두 소매시장에 속해요. 반대로 도매상인은 생산자에게 물건을 대량으로 사들여서 소매상인에게 물건을 파는 사람이에요. 소비자가 아니라 상인을 상대로 물건을 파는 큰 규모의 상인이라 할 수 있어요. 이따금 많은 양의 음식 재료가 필요할 때면 부모님이 농수산물 시장, 수산물 시장 등을 직접 찾아가는 걸 본 적이 있을 거예요. 이곳이 바로 도매시장이에요. 대표적인 곳이 서울의 노량진 수산물 시장과 가락동의 농수산물 시장이에요. 쉽게 정리하자면 도매상인은 생산자에게 물건을 대량으로 구매해 전국의 소매상인에게 유통시키는 일을 맡아요. 도매상인에게 물건을 받은 소매상인은 우리 가까이에 있어서 언제든지 물건을 살 수 있도록 해 줘요.

우리나라에서는 오일장, 유럽에서는 요일장?

해외 여행을 갔을 때 그 나라의 전통 시장이 보고 싶다면 사람들에게 '요일'을 물어보세요. 유럽에는 도시마다 역사가 오래된 상설 시장과 우리나라의 오일장처럼 주기적으로 열리는 요일장이 있어요. 소도시에서는 보통 일주일에 한 번씩 요일을 정해 번개 장터처럼 요일장이 열리고, 대도시에서는 일주일에 두 번씩 요일장이 열려요. 그중 프랑스의 바스티유 요일장이 유명해요. 바스티유는 1789년 프랑스 혁명의 출발을 알린 '바스티유 감옥 습격 사건'이 일어났던 장소예요. 지금은 감옥이 철거되고 바스티유 광장으로 남아 있어요. 바로 그 자리에서 바스티유 요일장이 열리는 거예요.

바스티유 요일장은 일주일에 두 번 목요일과 일요일에 열려요. 오전 7시부터 오후 2시까지 열리는데, 평균 700여 개의 노점상이 광장에 가득 차요. 이곳에는 과일, 육류, 생선, 치즈, 꽃, 의류 등 없는 게 없답니다. 특히 바스티유 요일장은 파리의 중심가에서 열리기 때문에 파리 사람들에게 가장 인기 있어요.

바스티유 광장

시장은 어떤 역할을 할까?

　시장은 매우 다양한 역할을 해요. 무엇보다 우리 생활에 필요한 모든 물품을 쉽게 구할 수 있도록 해 줘요. 바로 생산자와 소비자를 연결해 주는 거예요. 시장은 물건의 가격을 결정하기도 해요. 무슨 얘기인지 이해가 잘 안 되지요? 예를 하나 들어 볼게요. 가위를 만들어 파는 사람이 있어요. 생산한 가위를 얼마에 팔면 좋을지 잘 모를 거예요. 때마침 시장에는 좋은 가위가 별로 없었어요. 이런 상황일 때 정성스레 만든 가위를 시장에 팔면 어떻게 될까요? 당연히 질 좋은 가위를 찾는 사람이 모여들 테고 가위는 높은 가격에 불티나게 팔릴 거예요. 반대로 시장에 가위가 흔하거나 사려는 사람이 별로 없다면 가위의 가격은 어떻게 될까요? 가위의 값은 아주 낮아질 거예요. 이렇게 가격은 생산자와 소비자가 만나는 접점, 즉 시장에서 결정되는 거예요. 이런 현상을 '가격 결정의 원리'라고 불러요.

시장은 농경 사회에서 없어서는 안 될 매우 중요한 경제적 기능을 담당해 왔어요. 농부는 1년 동안 열심히 재배한 곡식과 채소를 시장에 내다 팔고, 그 수입으로 옷도 사고 집도 사고 자녀의 학비도 내며 안정적인 생활을 할 수 있게 된 거지요. 역사적으로 오랜 농경 사회를 거쳐 온 우리나라에서 이렇게 중요한 시장이 없었다면 아마 지금의 대한민국은 다른 모습일지도 모르겠어요. 상품을 팔 방법이 없다면 1년 내내 수확한 농산물을 팔지 못하게 되고, 결국 모두 버리거나 썩게 내버려 둘 수밖에 없으니까요.

그 밖에도 시장은 지역 사회의 소식을 들을 수 있는 정보 교류의 장소예요. TV도 없고 인터넷도 없던 시절에는 며칠에 한 번씩 열리는 시장이야말로 지역 소식을 들을 수 있는 유일한 곳이었어요. 그래서 옛날 어른들은 특별히 필요한 물건이 없어도 이런저런 세상 돌아가는 이야기를 들으려고 시장을 찾는 일도 많았답니다. 나라에 전쟁이 났는지, 왜군이 침략해 왔는지, 흉년이 들었는데 다른 사람들은 어떻게 살아가는지, 이웃 마을에 소도둑이 자주 나타나니 우리도 조심해야 한다는 등 바깥세상 이야기를 들을 수 있었지요.

심지어 옛날에는 며느리도 시장에서 찾았다는 말이 있어요. 과거에는 집안 어른들이 혼기가 꽉 찬 자식들의 결혼을 결정하곤 했어요. 시장에서 이런저런 정보를 듣기 때문에 어른들은 누가 인품 좋은 부모 밑에서 교육을 잘 받았는지 쉽게 알 수 있었거든요.

이웃끼리 정보를 쉽게 나눌 수 없었던 과거에는 시장이 그만큼 중요한 역할을 했다는 걸 알 수 있어요. 이처럼 시장은 며칠에 한 번씩 많은 사람이 모이는 유일한 공간으로 필요한 물건을 쉽게 구할 수 있게 해 줄 뿐 아니라 지역 사람들과 정보를 주고받는 역할을 담당했어요. 또한 광대놀이 같은 오락을 즐기거나 오랜만에 만난 지인과 소식을 나누는 사교의 장이 되기도 했어요. 통신 수단이 없었던 과거에는 더욱더 없어서는 안 될 중요한 역할을 해 왔답니다.

옛 장터의 꽃, 보부상과 장돌뱅이

장돌뱅이는 전국 여러 장터를 돌아다니면서 물건을 파는 이동형 장수를 낮잡아 이르는 말이에요. 여러 장터를 뱅뱅 돈다는 의미에서 그렇게 불렀어요.

장돌뱅이와 비슷한 뜻의 보부상은 물건의 종류와 짐의 형태에 따라 보상과 부상으로 나눠요. 보상은 비단, 금은, 화장품, 액세서리, 비녀나 댕기처럼 가볍고 값비싼 물건을 주로 팔았어요. 짐을 가볍게 걸쳐 메고 다녀 봇짐장수라고도 불렀죠. 부상은 무게가 많이 나가고 덩치가 큰 물건을 주로 팔았어요. 예를 들어 장독, 나무로 만든 수공예품, 생선 등 부피가 큰 물건을 지게를 이용해 뒤로 지고 다녔어요. 그래서 등짐장수라고도 불렀지요.

보부상은 전국을 떠돌아다니며 새로운 변화를 먼저 알아채고 우리 고장에서 나지 않는 신기한 물건을 들여오는 중요한 역할을 했지요. 장터에 장돌뱅이가 나타나면 사람들은 물건을 사지 않더라도 전국의 장터를 돌아다니며 보고 들은 이야기를 듣기 위해 모여들었어요. 장돌뱅이는 구수한 입담으로 사람들에게 새로운 소식을 알려 주었지요.

오늘날에도 전국의 전통 시장과 오일장을 번갈아 다니는 이동형 상인이 활발히 활동하고 있어요. 이동형 상인은 다양한 물건을 트럭에 싣고 다니며 교통이 불편한 시골 마을까지 방문해 어른들에게 반가운 손님이 되기도 해요. 최근에 보부상의 문화가 남아 있는 충청남도에서는 과거 보부상의 전통을 이어 가기 위해 노력하고 있어요.

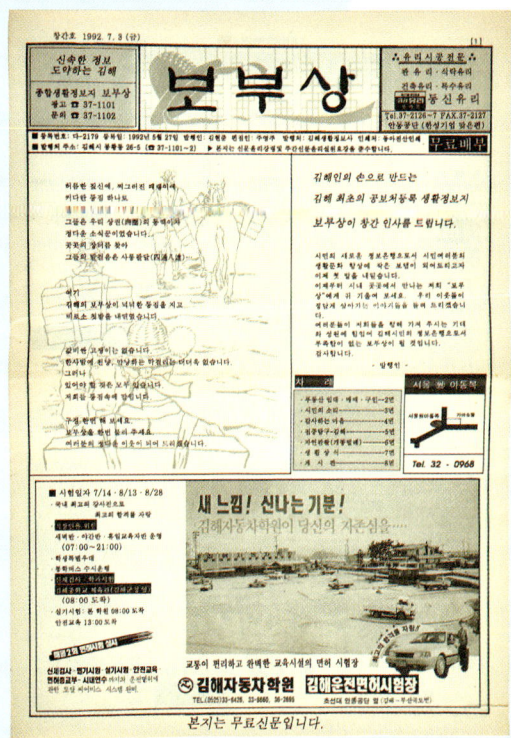

보부상 소식을 전하는 신문

보부상이 사용한 회계 문서

보부상을 알리는 신표

짐을 어깨에 메는 끈

시장은 어떤 지형에서 발달할까?

예로부터 큰 시장이 발달한 도시는 지리적 장점이 있었어요. 첫째는 많은 사람이 쉽게 찾아올 수 있도록 교통이 편리해야 해요. 사람들이 자주 시장에 와서 물건을 살 수 있어야 시장이 더욱 발전할 테니까요. 교통이 발달하거나 사람들이 걸어서도 쉽게 찾아올 수 있는 넓은 평지에 주로 시장이 형성돼 왔어요. 특히 주변의 평야보다 약간 높으면서 산으로 둘러싸인 안정적인 분지가 시장이 발달하기에 최적의 장소라고 할 수 있어요. 병풍처럼 사방이 산으로 둘러싸여

안정감이 드는 넓은 분지에는 도시가 쉽게 발달해요. 도시의 중심에는 항상 사람이 많이 모여들고 인구 밀도가 높아져 시장도 크게 발달하지요.

둘째는 물건을 파는 상인이 널리서노 쉽게 찾아올 수 있는 지리적 입지 조건이에요. 쉽게 말해 도시와 도시 간 먼 거리에서도 상인이 부담 없이 물건을 팔 수 있는 위치에 시장이 잘 생겨요. 그래서 주로 넓은 촌락이 형성되어 있으면서 지역 곳곳으로 뻗어 나가는 길이 잘 닦인 곳에 큰 시장이 발달해요. 강이나 바닷길을 통해 물건을 좀 더 쉽게 운반할 수 있는 곳이라면 더욱 큰 시장이 생겨요. 험한 바위산이 많고 길도 구불구불한 곳이라면 각 지역에서 물건을 팔러 오는 상인이 불편할 거예요. 시장 가는 길이 멀고 험하면 당연히 상인은 다른 도시를 찾아 떠나겠지요. 시장은 예로부터 지역 곳곳을 이어 주는 지리적 요충지에 많이 발달했어요. 특히 과거에는 교통수단이 열악했기 때문에 상인이 도보로 시장과 시장을 당일치기로 옮겨 다닐 수 있는 위치에 시장이 발달했어요. 지방으로 갈수록 오일장이 돌아가면서 열리기 때문에 상인은 물건을 팔기 위해 오일장을 옮겨 다녔어요.

경기도 수원시나 안성시와 같이 도로 시설이나 교통망이 사방으로 흩어진 지역에 규모가 큰 시장이 번성했어요. 그만큼 솜씨 좋은 기술자와 장사꾼이 쉽게 모여들어 더욱 큰 시장으로 성장하게 되었어요. 특히 안성의 시장은 조선 시대 3대 장에 속할 정도로 규모가 매우 컸어요. 당시 안성으로 가는 길을 '삼남길'이라고 불렀어요. 전라도, 충청도, 경상도를 연결하며 지역과 한양을 이어 주는 중요한 통로였거든요. 지리적으로 위치가 좋았던 안성에 큰 시장이 열리는 건 당연한 이치였지요.

  이와 같은 현상은 남쪽 지방에서도 나타났어요. 교과서에도 나오는 경상남도 하동군의 화개 장터예요. 화개 장터는 전라도와 경상도가 만나는 가운데 지점인 데다가 섬진강의 상류에 위치하고 있어서 예로부터 남쪽 지방 사람들에게 없어서는 안 될 중요한 시장으로 자리 잡았어요. 이곳은 물이 풍부하고 수심이 깊은 섬진강이 있어 육

로보다 수로를 통해 더 많은 물건을 운반할 수 있고 경상도와 전라도가 만나는 지리적 특성 때문에 내륙에서 자라는 임산물과 농산물 그리고 남해안에서 생산된 온갖 해산물이 쉽게 모여들 수 있었지요.

이렇듯 시장은 강이나 바다와 같은 수도가 발달한 시성에 쉽게 발달했어요. 말이나 소가 끄는 마차로 운반하는 것보다 배를 이용해 대량으로 운반하는 것이 훨씬 더 빠르기 때문이에요. 심지어 강과 바다를 통해 국제 교역이 가능해지니까요. 그래서 역사가 오래된 큰 시장은 한강, 낙동강, 섬진강, 금강처럼 큰 강을 중심으로 발달했고 물이 풍부해 농사 짓기 좋은 나주평야, 김해평야, 김포평야, 호남평야 등지에 발달했답니다. 그 사이사이의 작은 지역에 오일장이 돌아가면서 열리게 된 거지요.

고려의 경제를 책임진 개성상인

신라의 수도 경주에 시장이 처음 만들어진 이후 전국으로 시장이 확대됐어요. 사람들이 많이 모이는 곳에 시장이 설치되고, 물건을 파는 상인이 등장하고 거래를 편리하게 하는 화폐가 생기면서 '시장 경제'의 기초가 세워졌어요. 고려 시대에는 이러한 시장의 기능 즉 상업이 더욱 활발해졌어요.

고려 시대 초기, 수도인 개성에 시전이 만들어졌어요. 시전은 나라에서 일정한 상점 건물을 지어 상인에게 상점을 빌려주는 상설 시장이에요. 이때부터 조선에 이르기까지 개성을 중심으로 전국의 교통 중심지마다 크고 작은 시장이 형성됐어요. 그중에서도 현재의 북한에 위치한 의주와 평양, 지금의 서울인 한성, 지금의 부산인 동래가 대표적인 뱃길 무역항이자 국제 교역을 비롯해 가장 큰 시장이 자리 잡은 지역이에요. 이 도시의 상인을 송상(개성), 만상(의주), 유상(평양), 경강상인(한성), 내상(동래)이라고 불렀어요.

개성의 송상과 의주의 만상은 조선 시대 국제 교역의 리더 역할을 톡톡히 해 왔어요. 의주는 중국과 만나는 국경 도시로 의주 만상이 중국에서 물품을 들여오면 개성 송상이 이를 받아 전국으로 유통하고 했어요. 반대로 우리나라의 물품을 중국으로 수출할 때는 의주 만상이 개성 송상에게 물품을 받아 중국으로 수출하는 분업의 형태를 띠었다고 해요. 유상은 평양의 옛 이름이 유경이었기 때문에 '유경의 상인'이라 하여 붙여진 이름이에요. 경강상인은 한성에서 활동하는 상인이라는 의미의 '경상'과 한강을 중심으로 활동하는 '강상'을 합쳐서 부르는 말로 짧게 '강상'이라고 불렀답니다.

고려 시대와 조선 시대의 시장 분포도

- 경원
- 회령
- 의주(만상)
- 평양(유상)
- 덕원(원산장)
- 황주(읍내장)
- 개성(개성상인, 송상)
- 한성(경강상인)
- 평창(대화장)
- 안성(읍내장)
- 은진(강경장)
- 전주(읍내장)
- 대구(약령시)
- 남원(읍내장)
- 동래(내상)
- 창원(마산포장)

2장
우리나라의 시장

우리나라 최초의 전통 시장은?

우리나라에 시장이 처음 생기기 시작한 시기는 정확히 알 수 없어요. 시장이 만들어지기 전에도 조개 화폐나 다른 귀한 물건을 통해 포구 등에서 거래가 활발하게 이루어졌으니까요. 고구려, 백제, 신라의 역사를 담은 《삼국사기三國史記》에 보면 우리나라 최초의 시장에 대한 기록이 나와요. 기록에 따르면 최초의 시장은 통일 신라 시대에 만들어졌대요. 지금으로부터 1,500여 년 전 신라 21대 왕인 소지왕(479~500년)이 재위한 지 12년째 되던 해에 당시 수도였던 경주에

경시京市라는 시장을 처음 만들었어요. 경시는 정부의 관리 아래 중앙에서 열리는 큰 시장을 말해요. 이후 지역 곳곳에서 크고 작은 단위의 향시가 하나씩 생겨났어요. 소지왕이 죽은 뒤에도 경주의 서쪽과 남쪽 등으로 조금씩 시장을 확대해 나갔어요. 심지어 시장을 체계적으로 관리하는 감독이 생길 정도로 시장을 중요하게 여겼답니다.

우리나라 최초의 화폐는 고려 시대(성종)에 만들어졌지만, 삼국 시대에 이미 다양한 종류의 물건이 화폐 역할을 했어요. 대표적인 것이 쌀이었지요. 당시에는 농경 사회였지만 농업 기술이 발달하지 않았기 때문에 먹기 좋게 껍질을 벗긴 쌀이 아주 귀했어요. 시장에서는 쌀이나 옷감 등의 귀한 물건을 화폐로 사용해 필요한 물건으로 바꾸는 물물 교환이 성행했답니다. 또한 시장에서는 아낙네들이 직접 가지고 온 물건을 적극적으로 파는 모습을 쉽게 볼 수 있었어요. 그만큼 신라 시대의 시장이 농경 사회의 숨통을 터 주는 중요한 역할을 했음을 짐작할 수 있지요.

그러나 시장이 처음 등장했을 때 유독 귀족층의 반대가 심했어요. 시장이 발달하면 농민들이 시장으로 나와 상업 활동을 하게 되고 그로 인해 이익이 늘어나면 농업을 멀리하게 될 거라는 걱정 때문이었어요. 결국 농민들이 몰락하게 될 거라고 생각했어요. 또한 시장에 많은 사람이 모여들기 때문에 당연히 사건과 사고가 늘어날 수밖에 없었죠. 시장을 반대하던 귀족층의 주장을 뒷받침할 만한 사건도 자주 일어났어요. 시장을 통해 갑자기 이익을 얻은 일부 농민이 노름을 하거나, 일이 잘 풀리지 않자 도적이 되어 물건을 훔치고 훔친 물건을 다시 파는 사건이 늘어나게 된 거예요.

하지만 몇몇 안 좋은 현상에도 불구하고 시장은 나날이 규모가 커졌어요. 흉년이 들어 먹을 것을 구하기 힘든 시절에도 농민들은 시장에서 먹을 것을 구할 수 있었고, 뿔뿔이 흩어져 살던 농민들이 서로 만나고 교류하자 나라도 함께 발전해 나갔어요. 이렇게 시장은 우여곡절을 겪으며 탄생했지만, 오늘날까지 우리의 삶에 없어서는 안 될 중요한 장소로 자리 잡았습니다.

'코리아'라는 이름은 어떻게 세계에 알려졌을까?

고려 시대에는 국제 교역이 매우 활발했어요. 당시 우리나라와 무역을 하기 위해 아라비아 상인이 드나들었어요. 바로 아라비아 상인이 코리아라는 이름을 처음으로 세계에 알렸어요. 고려 시대 수도였던 개경(개성)에는 예성강이 있었어요. 예성강이 서해로 흘러 바다와 만나는 곳에 큰 무역항이 발달했는데 이곳이 벽란도예요. 벽란도는 수심이 깊어 큰 배가 쉽게 드나들었고, 개경과 가까워 좋은 물건을 대량으로 구하기도 유리했어요. 고려 최대의 국제 무역항으로 손색이 없었지요.

벽란도는 오늘날 우리나라의 해상 무역을 책임지는 부산항, 인천항처럼 고려 시대 제1의 국제 무역항이었어요. 아라비아 상인은 벽란도를 통해 고려의 인삼, 비단, 청자 등을 수입해 갔고 수은, 향로, 산호, 의약품 등을 가지고 와 팔았어요. 이때 아라비아 상인이 '고려'를 '꼬레아~ 꼬레아~'라고 부르면서 고려가 서방 세계에 알려지게 되었어요.

독립운동의 중심이 된 시장을 기억하나요? - 병천 장터

우리나라의 대표적인 독립운동가 유관순 열사는 잘 알 거예요. 유관순 열사가 용감하게 독립운동을 했던 장소가 '시장'이었다는 사실도 알고 있나요? 시장은 물건을 사고파는 곳일 뿐만 아니라 사람들이 모르는 아픈 역사도 숨어 있어요. 지독하게 힘겨웠던 독립운동의 흔적이 남아 있지요. 일제 강점기에 우리나라의 독립운동가들이 삼삼오오 모여 독립운동을 펼쳤던 장소가 바로 '전통 시장'이었답니다.

1910년 일본은 우리나라를 침략했어요. 그리고 오랫동안 우리나라를 지배하려고 많은 사람을 죽이고 전국의 자원을 빼앗아 갔어요. 우리 민족의 문화와 정신을 말살시키기 위해 끊임없이 못된 짓을 저질렀어요. 이토록 고통스러운 일제 강점기는 1945년 8월 15일 광복이 될 때까지 무려 35년간 이어졌어요. 하지만 이렇게 힘든 일제 강점기에도 독립운동가들은 곳곳에서 용감하게 독립을 외쳤어요. 일본의 야만스러운 행동을 세상에 널리 알리고 많은 사람이 용기를 내어 우리나라의 독립을 외칠 수 있도록 앞장섰지요.

　그렇다면 당시 독립운동을 펼치기에 가장 적당한 곳은 어디였을까요? 유관순 열사는 왜 시장에서 독립운동을 했을까요? 시장은 많은 사람이 한꺼번에 모이는 공공장소이기 때문이에요. 시장에는 생선을 파는 상인, 과일을 파는 농부, 옷이나 반찬거리를 사러 나온 아주머니, 사람 구경 나온 어른에 놀러 나온 어린이까지 남녀노소 구분 없이 많은 사람이 한꺼번에 모여들어요. 그렇기 때문에 독립운동의 필요성을 알리고 함께 만세 운동을 펼치기에 안성맞춤이었을 거예요. 유관순 열사가 1919년 독

아우내 3.1 운동 독립 사적지
유관순 열사 동상

립운동을 위해 찾았던 곳도 시장이었어요.

　지금의 충청남도 천안시 병천면에 가면 병천 장터가 있어요. 아우내는 병천의 순우리말 이름이에요. 1919년 유관순은 고향인 천안시 아우내 장터를 찾아 미리 그려 둔 태극기를 사람들에게 나눠 주고 우리나라의 독립을 위해 목청껏 "대한 독립 만세!"를 외쳤어요. 그러자 아우내 장터 사람들은 너나없이 몰래 숨겨 둔 태극기를 펄럭이며 함께 대한 독립을 외쳤지요. 당시 아우내 장터 시민들이 얼마나 격렬하게 만세 운동을 펼쳤던지 순식간에 수천 명의 천안 시민이 모여들었고 일본군은 당황하여 정신을 못 차렸어요.

　이처럼 시장은 단순히 물건만 사고파는 역할뿐 아니라, 나라를 빼앗겼던 시절에 우리 선조들이 목숨을 바쳐 독립운동을 한 중요한 역사 유적지이기도 했어요. 아우내 장터는 지금도 독립운동을 한 역사 공간으로 기억되고 있어요.

남대문에 없는 물건은 세상 어디에도 없다 - 남대문 시장

　서울 남대문(숭례문) 동쪽에 위치한 남대문 시장은 1년 내내 문을 닫지 않는 종합 시장이에요. 온종일 발 디딜 틈이 없을 정도로 많은 사람이 찾아와요. 철마다 바뀌는 의류와 신발, 전국에서 올라오는 신선한 먹거리, 우리나라 대표 전통 시장을 보려고 찾아오는 외국인 관광객, 특히 상인에게 인기 있는 갈치조림 골목…. 남대문 시장은 하루에 수십만 명이 다녀가는 전통 시장이에요. 요즘에는 한국 문화를 경험하기 위해 방문하는 외국인 관광객에게 가장 인기 있는 관광 명소예요.

남대문 시장이 처음 탄생한 것은 지금으로부터 600여 년 전으로 거슬러 올라가요. 1392년 조선을 건국한 태조 이성계는 2년 뒤 수도를 개경에서 한양으로 옮기면서 강건한 한양을 만들기 위해 국가 정책으로 경복궁을 새로 짓고 수로를 정비하고 성곽을 세우기 시작했어요. 이때 지어진 성곽이 서울을 둘러싸고 있는 한양 도성이에요. 정도전이 지휘한 한양 도성은 4개의 큰 문과 4개의 작은 문이 있었어요. 4개의 큰 문은 지금의 남대문, 동대문(흥인지문), 서쪽의 돈의문, 북쪽의 숙청문을 말해요. 그중 정문이 남대문이었어요. 그러니 한양으로 들어오는 가장 중요한 관문인 남대문 주변에 많은 사람이 몰려드는 것은 당연했겠지요? 이때부터 자연스럽게 남대문 주변에 작은 시장이 발달하기 시작했고 오늘날 남대문 시장의 초기 형태가 만들어졌어요.

그 뒤 1399년 정종 때 종로 1가부터 경복궁 부근까지 조선 최초로 한양에 시전이 설치됐어요. 하지만 힘이 약했던 정종은 곧바로 왕의 자리를 동생에게 물려주게 되었어요. 남대문 시장의 모태가 되는 시장은 1414년 태조 이성계의 아들이자 정종의 동생인 태종(조선의 3대 왕 이방원)이 재임하던 시절에 만들어졌어요. 이때부터 나라에 공식 운영 허가를 받고 문을 연 최초의 남대문 시장이 탄생했어요. 당시에는 '남문안장' 또는 '신창안장'이라고 불렸답니다. 남대문의 안

1904년 남대문과 남대문 시장 모습

쪽에 있는 시장이라는 의미예요. 당시의 남문안장에는 곡물을 파는 미곡상 26개, 해산물을 파는 어물전 12개, 잡화상 6개 등 모두 150여 개의 상점이 있었다는 기록이 남아 있어요. 이후 조선 시대 후기까지 국가의 허가를 받고 운영하는 시전은 날로 번창했어요. 그 밖에 허가를 받지 못하고 불규칙하게 일어나는 시장을 난전이라고 불렀어요.

조선 시대 초기, 서울로 한양을 옮기면서 새로운 도시를 건설하는 일과 경제를 살리기 위해 시전을 만드는 일이 핵심 사업이었어요. 그 당시 남대문의 정부 임대 시전이 오늘날 전 세계인에게 사랑받는 남대문 시장으로 발전했습니다. 남대문 시장은 600년의 역사를 간직한 뿌리 깊은 시장이랍니다.

365일 불이 꺼지지 않는 패션 산업의 중심 - 동대문 시장

외국인 관광객이 밤이 되면 꼭 찾아가는 곳이 있어요. 바로 동대문 시장이에요. 동대문 시장은 동대문과 청계천을 중심으로 주변에 40여 개 이상의 대형 의류 빌딩과 동대문역사문화공원, 동대문디자인플라자DDP 등이 빽빽하게 들어서 있어요. 하루에 다 볼 수 없을 정도로 많은 의류 상점이 모여 있지요. 한류 패션이 세계적으로 큰 인기를 끌자 동대문 의류 관광에 관심이 쏠리고 있어요. 2002년부터는 패션 관광특구로 지정되어 날마다 새로운 디자인을 선보이고 있어요. 서울의 밤을 느끼려면 꼭 방문해야 하는 곳이 되었어요.

동대문 시장은 우리나라 최초의 근대 시장이라고 해요. 근대 시장으로는 1905년에 처음 만들어졌지만, 알고 보면 조선 시대부터 서울의 3대 큰 시장으로 중요한 역할을 해 왔어요. 남대문 시장의 역사가 조선 시대 초기에 시작됐다고 설명했지요? 조선 시대 초기에 한양을 수도로 정하면서 남대문을 포함해 동대문, 종로에도 시장이 형성됐는데 이후 200년 동안 한양 도성 외곽까지 인구가 밀집되면서 시장은 더욱 확대되기 시작했어요. 18세기 이후에는 '이현梨峴'이라 불렸던 동대문 시장, '칠패七牌'라 불렸던 남대문 시장, 지금의 종각을

동대문의 밤 풍경

중심으로 한 '종루鐘樓' 시장이 조선의 3대 시장이었어요. 당시 종루 시장은 주로 낮에 열리고 이현과 칠패 시장은 새벽녘에 열려 부지런한 조선의 백성에게 인기가 많았대요.

  동대문 시장이 의류의 중심지로 떠오른 것은 한국 전쟁 이후부터예요. 전쟁 이후 많은 피란민이 서울로 내려와 지금의 동대문 주변에 자리를 잡았어요. 피란민은 지금의 대학로 근처와 동대문 주변에 흙집을 짓고 살았는데 미군 부대에서 나오는 군복을 염색한 뒤 다시 팔면서 어렵게 생계를 이어 갔어요. 이때부터 동대문 시장을 중

동대문디자인플라자

심으로 새로운 의류 바람이 불어 동대문과 청계천 주변에 '평화시장'이라는 새로운 시장이 생기게 되었어요. 어렵게 살아가는 피란민을 위로하고 응원하기 위해 '평화'를 떠올렸던 거지요. 이후 급격한 산업화 시대를 거치면서 의류 산업의 중심지로 자리 잡게 된 서예요.

동대문 시장은 낮보다 밤이 더 화려해요. 밤이 깊어질수록 동대문의 화려한 밤을 경험하기 위해 몰려드는 방문객으로 동대문은 북새통을 이뤄요. 동대문 시장에 가면 사방에 40여 개 이상의 패션 몰이 빽빽하게 늘어서 있고 우리나라의 보물 제1호인 동대문(흥인지문)이 한눈에 보여요. 세계적 건축가 자하 하디드가 건축한 동대문디자인플라자에서는 1년 내내 다양한 디자인 전시를 구경할 수 있어요. 동대문 시장은 우리나라의 패션 산업을 선도하는 100년 전통의 소중한 곳이에요.

전쟁이 만들어 낸 슬픈 역사의 흔적 - 부산 국제시장

우리나라 제1의 항구 도시이자 바다 하면 떠오르는 대표적인 곳이 부산이에요. 부산에는 외국인 관광객에게도 인기 있는 국제시장이 있어요. 국제시장은 역사와 규모를 자랑하는 대표적인 전통 시장인데 2014년 개봉한 영화 '국제시장'으로 더 유명해졌어요. 영화 속에 나오는 '꽃분이네'는 지금도 국제시장의 대표 명소랍니다.

그러나 국제시장의 탄생은 알고 보면 우리나라의 슬픈 역사와 관련이 있어요. 바로 일제 침략과 한국 전쟁이에요. 일제 강점기에 부산은 일본 사람들이 우리나라로 들어오는 중간 기착지 역할을 했어요. 일본에서 배를 타면 부산에 쉽게 접근할 수 있었지요. 악행을 일삼던 일본 사람들은 일본이 전쟁에 패하자 더는 우리나라에 머물 수 없었어요. 서둘러 짐을 싸서 일본으로 돌아가야 했지요. 일본 사람들이 한꺼번에 부산항으로 모여들자 배에 짐을 다 실을 수 없었어요. 결국 돈이 없는 사람들은 헐값에 짐을 내다 팔았어요. 그 수가 너무 많아 자연스레 작은 시장이 만들어졌는데, 그게 바로 부산 국제시장의 시작이었답니다. 정식 시장이라기보다는 급작스레 만들어진 임시 거래소 같았지요.

그러나 평화도 잠시, 1950년 한국 전쟁이 일어나면서 많은 피란민이 남쪽으로 밀려와 부산에 정착했어요. 전쟁에 쫓겨 가진 것 없이 부산에 정착하게 된 수많은 피란민은 내외국인이 쉴 새 없이 드나드는 국제시장에 자리를 잡고 온갖 물건을 팔았어요. 미군 부대에서 흘러나오는 초콜릿이나 과자, 담배 등도 인기 상품이었어요. 당시 중요한 재산 중 하나였던 재봉틀로 옷을 수선해 주기도 했어요. 처음에는 도떼기시장으로 불리다가 한국 전쟁 이후 국제시장으로 불리기 시작했어요. 아픈 역사로 인해 다양한 국적의 사람이 밤낮없이 드나들며 거래를 시작한 것이 국제시장이 생기게 된 배경이에요. 해방 무렵 부산 인구는 40만 명 정도였는데 한국 전쟁 이후 90만 명 가까이 늘었다고 해요. 한국 전쟁 당시 임시 수도였던 부산이 얼마나 많은 아픔을 겪어 왔는지 부산 곳곳에 남아 있는 흔적들을 보면 알 수 있어요.

부산 국제시장의 옛 모습

요즘의 국제시장은 한 번쯤 꼭 찾아가 볼 만한 시장으로 탈바꿈했어요. 영화 '국제시장'의 인기로 역사적 공간이라는 인식이 널리 퍼지면서 다양한 맛집과 볼거리가 가득한 관광지가 되었어요. 특히 국제시장 주변에 있는 공예품과 특산품을 파는 아리랑거리와 온갖 즉석요리를 만들어 주는 포장마차 거리가 인기 있어요. 비싸지도 않으면서 맛도 좋고 반갑게 대하는 상인들 덕분에 시간 가는 줄 모르고 시장 구경을 할 수 있지요.

국제시장이 항구 옆에 있다고 해서 생선 관련 음식만 유명하다고 생각하면 안 돼요. '국제시장에 가면 없는 게 없다.'라는 말이 있듯이 다양한 물건이 끝없이 펼쳐져 있어요. 요즘은 온갖 씨앗을 넣고 바삭하게 구운 씨앗호떡이 국제시장의 명물로 떠올랐답니다. 아픈 전쟁의 역사가 만들어 낸 상처였으나 다시 희망의 터전으로 되살아난 국제시장에 꼭 한 번 놀러가 봐요!

전라도와 경상도가 만나는 장터 - 화개 장터

화개 장터는 전라남도, 전라북도, 경상남도 3도가 만나는 곳에 있어요. 지도에서 세 개의 도가 만나는 꼭짓점을 찾으면 돼요. 위로는 지리산 국립공원이 넓게 자리 잡고 있고 아래로는 옆으로 흐르는 넓은 섬진강이 있어 화개 장터에 도착하면 병풍처럼 드리워진 멋진 풍경이 눈에 들어와요.

화개 장터는 섬진강 주변에서 열리는 강변 장터예요. 이곳은 지리산에서 흘러나온 화개천과 섬진강이 만나기 때문에 산사람과 뱃사람이 골고루 모이는 중요한 장소예요. 화개 장터가 오늘날 남부 지역의 대표 전통 시장으로 성장할 수 있었던 데에는 섬진강이 중요한 역할을 했어요. 섬진강은 물이 깊고 내륙까지 깊게 뻗어 있어 배가 드나들기 편했어요. 교통이 발달하지 않았던 과거에는 육로보다 수로를 이용해 짐을 실어 나르는 게 훨씬 쉬웠거든요.

섬진강에는 재미있는 이야기가 전해져요. 고려 시대에 왜구가 섬진강 하구로 침략해 왔어요. 그런데 어디선가 수십만 마리의 두꺼비 떼가 나타나더니 크게 울부짖으며 진을 쳤대요. 왜구가 두꺼비의 무서운 소리와 기세에 놀라 황급히 도망쳤다고 해요. 그때부터 한자로 두꺼비 섬蟾 자를 붙여 '섬진강'이라 불렀어요.

화개 장터가 정확히 언제부터 열렸는지는 알 수 없어요. 기록에 따르면 조선 시대인 1770년에도 5일에 한 번씩 화개장이 열렸다고 하니 화개 장터의 나이는 적어도 250살이 넘었을 거예요.

화개 장터에서는 평소에 보기 어려운 물건을 다양하게 만날 수 있었어요. 지리산에서 나오는 고사리와 약초, 버섯, 풍부한 땔감을 비

화개 장터 풍경. 김동리의 단편 소설 〈역마〉의 무대인 옥화 주막도 보인다.

롯해 전라도 곡창 지대에서 수확한 곡식뿐만 아니라 남해에서 잡아 온 신선한 해산물이 5일에 한 번씩 화개 장터로 모여들었어요. 심지어 제주도의 생선과 중국에서 넘어온 비단까지 당시 보기 힘든 물건도 화개 장터에서는 쉽게 살 수 있었다고 해요. 화개 장터는 그 명성에 걸맞게 조선 시대 전국 7위의 거래량을 자랑했어요. 이쯤 되면 누구라도 한 번쯤 화개 장터에 가 보고 싶겠지요.

최근에는 오일장이 사라지고 상설 시장으로 바뀌어 지리산에서 나는 신선한 먹거리와 약초, 섬진강에서 잡아들인 재첩 등 좋은 먹거리를 관광객에게 판매해요. 100여 개의 상점이 빽빽하게 늘어서 있는데 방글방글 웃는 얼굴로 시원한 음료를 파는 아주머니들이 관광객을 맞이해 줍니다.

화개 장터를 찾는 사람들이 좋아하는 또 한 가지 자랑거리가 있어요. 섬진강 줄기를 따라 길게 늘어선 벚꽃 터널이에요. 30분 거리에 있는 전라남도 구례부터 화개 장터까지 길게 이어진 벚꽃 길이 매년 봄 화사한 꽃 터널을 만드는데 그 빛깔이 어찌나 고운지 마치 하늘에서 꽃비가 내리는 것처럼 예쁘답니다.

떡갈비 냄새 솔~솔~ 풍기는 '가마니장' - 광주 송정 시장

역전 시장의 대명사. 기차역에서 내리면 지글지글 고기 굽는 냄새가 코끝을 자극하는 맛집 장터가 있어요. 전국적으로 입소문이 난 전라남도 최대의 도시 광주의 송정 시장이랍니다. 송정 시장은 광주에서 가장 먼저 생긴 송정역 앞에 있어요. 광주를 여행하는 사람들이 기차를 타고 내릴 때 한 번은 들렀다 가는 필수 코스가 되었지요.

2015년부터 광주의 송정 시장을 송정 삼색 시장이라 부르기 시작했어요. KTX역 덕분에 찾는 사람이 많아져 시장이 더욱 활력이 넘쳤어요. 상설 시장인 송정매일시장과 송정5일시장, 송정역전매일시장(현재 1913송정역시장)이 제각기 발달하여 3가지 색깔을 지닌다는 의미에서 송정 삼색 시장으로 불려요. 게다가 송정 시장 인근에는 까마귀가 송장을 쪼아 먹는다는 의미의 비아5일시장이 열리는데 장날 풍경이 제각기 색다르기 때문에 관광객에게 큰 인기를 얻고 있다고 해요.

광주 송정 시장은 역사가 100년이 넘은 전라도 최대의 전통 시장이에요. 지역에서 이토록 오랫동안 명맥을 유지할 수 있었던 비결은 뭘까요? 지도를 자세히 살펴보면 그 이유를 알 수 있어요.

우리나라의 대표 4대강은 한강, 금강, 낙동강과 전라남도 전역을 관통하는 섬진강(영산강 포함)을 말해요. 전라도의 섬진강은 길게 발달했지만 주변에 산악 지역이 많고 영산강은 광주 시내를 관통하며 주로 넓은 평야 지대를 지나요. 그래서 영산강을 좀 더 중요하게 생각하는 사람이 많아요. 광주 송정 지역은 바로 영산강이 지나는 길목에 있어요. 그뿐만 아니라 북쪽에서 흘러 내려오는 황룡강이 광주 지역의 영산강과 만나는 접점이라 예로부터 북쪽의 농산물과 남쪽의 수산물이 뱃길을 이용해 광주 송정으로 들어오기 좋았던 거예요. 게다가 주변에는 넓은 평야가 발달해 농사짓기 쉬웠고, 자연스레 도시는 규모가 커져 오늘날 전라도는 물론 광주에서 빼놓을 수 없는 명소가 되었어요. 얼마나 시장이 컸는지 쌀가마니가 넘친다 하여 '가마니장'이라고 불리기도 했어요.

그런 송정 시장이 요즘은 맛집 천국으로 입소문이 나고 있어요. 옛날 어른들이 즐겨 드시던 양갱을 어린이들이 좋아할 만한 작은 사탕 모양으로 만들고 몸에 좋은 건강한 재료를 듬뿍 넣어 젊은 층의 입맛에 맞는 간식으로 선보였어요. 또 우유나 곡물만 들어가던 식빵

안에 초콜릿을 가득 넣은 초콜릿 식빵으로 인터넷에서 화제가 되기도 했지요. 커다랗게 부푼 식빵을 조심스레 둘로 쪼개면 까만 빵 안의 초콜릿이 손가락을 타고 흘러내려 순식간에 식빵 한 덩이를 다 먹게 된답니다. 초콜릿 대신 쭉쭉 늘어나는 치즈를 넣은 식빵도 인기가 대단해요.

송정 시장의 맛집은 현대적인 것만 알려진 게 아니에요. 진짜 송정 시장의 맛을 아는 광주 사람은 떡갈비 골목을 단골로 찾아갑니다. 송정 시장 떡갈비가 유명해진 이유는 여러 가지 설이 있지만 광주 사람은 단연코 우시장 때문이라고 말해요. 과거 비아장에 우시장이 함께 있었기 때문이라는 거예요. 옛날에는 남쪽 지방에 소를 파는 우시장이 광주 이외에도 더 있었는데 광주 송정 시장의 규모가 크다 보니 이곳 우시장이 인기를 끌었어요.

농경 사회였던 과거에는 소가 가장 중요한 재산이었다는 사실은 여러분도 잘 알고 있지요? 우시장 때문에 송정에는 고기를 이용한 음식이 발달했어요. 그래서 지금까지 송정 떡갈비 골목이 인기 있는 먹거리 장소로 명맥을 유지하고 있어요. 잘게 자른 고기에 갖은 양념을 한 뒤 숯불에 바짝 구운 떡갈비는 너무 맛이 있어 밥도둑이 따로 없답니다.

오늘날 송정 시장의 인기가 날로 높아지자 광주 사람들은 더 많은 관광객을 불러 모으기 위해 다양한 아이디어를 생각해 내고 있어요. 관광객 이외에도 광주로 출장 온 사람들이 잠시라도 송정 시장에 들러 이것저것 사면 상인에게도 도움이 되니까요. 광주송정역 사무소와 인근 전통 시장 연합회가 힘을 모아 다양한 문화 공연을 계획하거나 시장 안내를 하고 있어요. 심지어 전통 시장 안에 기차 출발 시간을 나타내는 전광판까지 설치했다고 하니 송정 시장 사람들의 친절한 마음이 느껴지지요?

1년에 두 번 열리던 조선 시대의 약국 - 대구 약령시장

콜록콜록 기침이 나고 감기 증상이 있으면 어떻게 하지요? 병원에서 주사를 맞거나 약국에서 약을 사 먹어요. 요즘은 첨단 의학의 발달로 감기에 걸려도 작은 알약 하나면 하룻밤 사이에 거뜬히 나을 수 있어요. 큰 병에 걸려도 빨리 건강해질 수 있지요. 그렇다면 과거에는 병에 걸리면 어떻게 했을까요?

조선 시대 백성의 건강을 책임졌던 약국이 바로 대구 약령시장이에요. 대구의 약령시장은 조선 17대 왕인 효종 9년에 전국 최초로 생겨난 한약재와 약초 전문 시장이에요. 1658년에 시작됐으니 무려 360년을 이어 온 유서 깊은 전통 시장이라 할 수 있지요.

대구 약령시장에 가면 지금도 이름을 알 수 없는 온갖 한약재와 신기한 잎사귀를 가진 약초를 볼 수 있어요. 한약재를 파는 상인들이 뾰족뾰족한 나뭇가지와 고사리처럼 생긴 말린 약초를 이리저리 들어 올리며 설명을 해 줘요. 설명이 다소 이해하기 어렵지만 약령시장을 찾아온 어른들은 효과가 좋다며 한 꾸러미씩 사곤 한답니다. 여러분은 쓴맛이 나는 한약 냄새를 썩 좋아하지 않겠지만, 알약처럼 편리한 양약이 없던 옛날에는 약령시장이 없어서는 안 될 중요한 '생활 시장'이었음을 짐작할 수 있어요. 조선 시대의 국민 약국이라고 할까요?

대구 약령시장이 처음 생겼을 때는 오일장이나 상설 시장이 아닌 1년에 두 번만 열리는 시장이었어요. 매년 음력 2월 1일부터 20일간 봄 약령시장이라 하여 춘령시가 열렸고, 겨울이 되기 전 음력 11월 1일부터 20일간 가을 약령시장이라 하여 추령시가 성대하게 열렸어요. 그렇게 중요한 약령시장이 왜 봄과 늦가을에만 열렸냐고요? 좋은 약재가 봄가을에 많이 나오기 때문이에요. 깊은 산속에서 겨우내 혹독한 추위를 이겨 내고 쑥쑥 자라나는 봄철 약재와 겨울을 맞기 위해 영양분을 잔뜩 머금고 있는 늦가을의 약재는 인기가 많았거든요.

조선 시대에 한약재 한 가지만 전문적으로 다루는 시장이 수도가 아닌 대구에 생겼다는 것은 오늘날 역사학자 사이에서도 끊임없는 논쟁을 불러일으키고 있어요. 여러 가지 학설이 있지만, 대구의 지리적, 환경적 장점 때문이라는 주장이 가장 설득력이 있어요. 낙동강에 둘러싸인 대구는 이미 큰 도시로 성장해 인구가 많았고, 낙동강이 내륙 깊이 뻗어 있어 수로 교통이 발달했어요. 덕분에 외지 상인들이 쉽게 접근할 수 있었지요. 북쪽과 남쪽의 물자가 모여들기에도 매우 유리한 위치였지요. 뿐만 아니라 칠곡, 의성, 성주, 고령, 합천, 안동, 청도, 영양, 봉화, 상주, 문경 등 좋은 약재가 많이 나기로 유명한 지역의 중심부에 자리 잡고 있었어요. 당시의 기록에 따르면 "국내뿐 아니라 일본, 중국, 몽골 등지에서도 상인들이 대구 약령시장을 자주 찾아와 약재를 사 갔다."고 해요.

대구 약령시장은 400년 가까이 국민의 건강을 책임지다가 일제 강점기와 한국 전쟁을 거치면서 한동안 쇠락의 길을 걸었어요. 약령시장 상인들은 일제 강점기에 독립운동을 위한 자금을 몰래 지원했다는 이유로 온갖 탄압을 받았고, 그로 인해 시장이 잠시 문 닫은 적도 있었지요. 한국 전쟁이 끝난 뒤에도 한동안 약령시장은 옛날만큼 되살아나지 못하고 힘든 시간을 보냈어요. 이후 시장을 다시 살리자는 대구 시민의 끈질긴 노력으로 오늘날 관광 명소가 된 약전 골목이 탄생하게 되었답니다.

요즘은 젊은 사람들도 대구 약전 골목의 독특한 분위기와 풍부한 볼거리, 먹거리를 즐기기 위해 이곳을 찾고 있어요. 약전 골목은 얼핏 한의원과 한약상만 있는 것처럼 보이지만 밤이 되면 젊음의 거리로 바뀌어요. 또한 조선 시대부터 약령시장이 어떻게 바뀌어 왔는지 한눈에 볼 수 있는 한의약박물관도 있어요.
　매년 5월에는 대구 약령시장을 알리는 한방문화축제가 열려요. 거

대한 약사발이 골목을 가득 채우고 사극에 자주 나오는 한약 주머니들이 골목 전체에 대롱대롱 매달려 있어 재미있는 볼거리를 즐길 수 있어요.

기쁨과 눈물이 교차하는 곳 - 횡성 우시장

채소, 과일을 파는 시장은 청과물 시장, 생선을 파는 시장은 수산 시장, 약재를 파는 시장은 약재 시장이라 해요. 그렇다면 소를 파는 시장은 뭐라고 부를까요? 넓은 범위로는 가축 시장이라고 하는데 소만 전문적으로 거래하는 시장을 우시장이라고 해요. 옛날에는 쇠전이라고 불렀어요.

오래전부터 '동대문 밖 가장 큰 시장'이었던 강원도 횡성 우시장은 지금도 건재하답니다. 최근에는 횡성 한우가 맛있다는 소문이 나면서 횡성 우시장을 찾아오는 관광객도 폭발적으로 늘어났지요. 횡성 우시장에 가면 소를 사고파는 광경을 볼 수 있어요. 또한 횡성 시내에 있는 전문 식당에서 특등급 한우를 언제든지 맛볼 수 있어요.

횡성은 산과 숲의 비중이 전체의 80퍼센트 이상을 차지하는 대표적인 산악 지형이에요. 서울에서 멀지 않아 자동차로 1시간 30분이면 횡성 시내에 도착할 수 있어요. 산과 물, 토양이 좋고 넓은 목초지가 발달해 육질 좋은 한우가 많이 나는 고장이에요. 밭농사를 주로 하고, 옥수수, 토마토, 더덕, 감자 등 고랭지 채소가 많이 나요. 고구려 때에는 횡성을 횡천현 또는 어사매라고 불렀는데 '은하수가 강물처럼 흐르는 땅'이라는 아름다운 의미가 있어요.

　횡성 우시장은 현재 '횡성축협가축시장'으로 이름이 바뀌어 열흘에 한 번씩 끝자리가 2인 날에 열려요. 매달 2일, 12일, 22일 세 번 열리는 거예요. 우시장은 여름에는 오전 9시에, 겨울에는 오전 10시에 열고 한두 시간이면 문을 닫아요. 부지런한 농부만을 위한 아침 시장이지요. 예전에는 새벽 5시에 열린 적도 있었대요. 요즘엔 소를 공정하고 합리적으로 거래하기 위해 경매로 진행하기 때문에 예전과

는 사뭇 다른 우시장의 모습을 볼 수 있어요. 매우 현대적인 모습으로 바뀌었어요. 어떤 소가 누구에게 얼마에 팔렸는지 대형 전광판으로 누구든지 볼 수 있어요. 심지어 경매하는 소가 얼마나 크고 건강하게 자랐는지 소의 가족력도 볼 수 있답니다.

횡성에는 재미있는 전통 시장이 3군데나 있어서 헷갈릴 때가 많아요. 소만 전문적으로 거래하는 횡성축협가축시장이 있고, 횡성 시내에서 매일 열리는 전통 상설 시장과 날짜가 1과 6으로 끝나는 날에 열리는 횡성 오일장이 각각 따로 있어요. 횡성 시내의 전통 상설 시장을 '우하하횡성한우시장'이라고 부르는데 127개의 상점과 200여 명의 상인이 횡성 한우와 특산물을 판매해요. 특히 오일장이 열

해마다 열리는 횡성 한우축제 포스터

리면 상인과 관광객이 몰려들어 횡성 시내의 4개 도로가 사람들로 가득 차요.

그럼 우시장에서는 어떤 풍경이 펼쳐질까요? 수십에서 수백 마리의 소가 한자리에 모이는 우시장에 가면 팔려 가기 싫은 듯한 소의 울음소리와 딸랑딸랑 어미 소를 따라가는 송아지의 귀여운 워낭 소리, 새로운 소를 식구처럼 키워 보겠다며 기뻐하는 농부의 웃음소리, 좋은 값을 받지 못해 아쉬워하는 농부의 한숨 소리 등이 다채롭게 들려요. 마치 소의 인생극장을 보는 느낌이에요. 우시장에서 새로운 주인에게 팔려 가는 소를 보면 안타깝기도 하고 불쌍하기도 해요. 횡성 우시장은 농부와 소의 만남과 이별이 동시에 이루어지는 곳이랍니다.

그렇다면 우시장에서는 어떤 소가 가장 잘 팔릴까요? 가축을 키우는 목적에 따라 달라져요. 우유를 얻기 위해 키우는 젖소는 우유가 많이 나와야 좋고, 고기를 얻기 위해 키우는 육우는 발육 상태와 근육의 정도, 지방의 분포 등에 따라 달라지는데 일반인은 아무리 봐도 구분하기 힘들어요. 지금은 농기계의 발달로 사라졌지만, 농사일을 거들기 위해 키우던 소는 다리가 튼튼하고 골격이 단단한 근육질의 소가 좋아요. 특히 새끼를 잘 낳는 건강한 소는 서로 사려고 해서 높은 값에 팔린답니다.

폐장 시간이 다가올수록 소와 농부의 이별 장면이 여기저기서 펼쳐져요. 소는 자신이 팔려 간다는 것을 아는 듯이 자꾸 뒷걸음질 치며 떼를 쓰기도 하고 소리 없이 눈물을 흘리기도 해요. 그러고는 '음매— 음매—' 하며 옛 주인을 소리쳐 부르지요. 어쩔 수 없이 소를 팔아야 하는 주인은 몇 년 동안 키웠던 소를 떠나보낼 때 가장 슬프고 마음이 아프답니다. 지금은 거의 사라져 흔히 볼 수 없는 농부들의 우시장, 어떤 모습일지 궁금하지 않나요?

주인의 생명을 구한 황소의 감동적인 이야기

2019년 목숨을 바쳐 주인을 구한 횡성의 황소 이야기가 큰 화제가 됐어요. 횡성의 작은 마을에 90세 노부부가 사랑이라는 황소와 함께 살고 있었어요. 사랑이는 어릴 적 노부부에게 와서 새끼도 낳고 일도 하며 행복하게 살았지요. 그런데 한밤중 노부부가 자던 안방과 떨어진 외양간에서 불이 났어요. 외양간에는 사랑이의 새끼를 포함해 소 여러 마리가 있었는데 화재로 혼비백산하고 있었지요. 불은 거세게 번지기 시작했어요. 사랑이는 등에 불이 붙은 채로 외양간을 부수고 멀리 떨어진 노부부의 안방 문 앞까지 달려와 앞발을 쿵쿵 구르며 노부부를 깨웠어요. 그때는 새벽 1시가 넘은 시간이었어요. 쿵쿵 발 구르는 소리에 잠이 깬 노부부는 그제야 집에 불이 난 것을 알고 급히 불을 끄고 외양간의 소를 구할 수 있었대요. 그러나 주인과 새끼의 생명을 구한 사랑이는 몸에 너무 큰 화상을 입어 결국 죽고 말았지요. 사랑이의 소식이 세상에 알려지자 횡성에서는 사랑이의 이야기를 동화와 그림책으로 만들었어요. 지금도 모든 학교에서 배우고 있어요.

짭조름한 젓갈 향이 가득한 곳 - 강경 젓갈 시장

입맛이 사라지는 겨울이 되면 어머니는 빨간 양념의 젓갈 반찬을 꺼내 오세요. 새 밥을 정성껏 짓고 김이 모락모락 나는 밥 위에 짭조름하고 매콤한 젓갈을 올려 입에 넣고는 "와, 밥도둑이 따로 없네." 하시며 젓갈로 온 가족을 즐겁게 만들지요. 명란젓, 가자미젓, 청어젓, 뱅어젓, 오징어젓, 동백하젓 등 평소에는 맵고 짠 음식을 멀리하다가도 입맛이 없는 겨울이 되면 특히 시큼하게 발효된 젓갈 반찬을 찾게 돼요.

젓갈은 생선과 조개 같은 어패류의 속살, 내장, 알 등을 소금에 절여 오랫동안 발효시킨 저장 식품을 말해요. 우리나라에는 손에 꼽을 정도로 유명한 젓갈 시장이 전국 곳곳에 발달해 있지요. 충청남도 논산의 강경 젓갈 시장, 충청남도 홍성 광천읍의 광천 젓갈 시장, 전라북도 부안의 곰소 젓갈 시장, 인천 소래 포구에 있는 소래 포구 젓갈 시장이 대표적인 곳이에요.

젓갈로 유명해진 시장은 몇 가지 공통점이 있어요. 서해안 쪽에 집중적으로 발달하고, 강과 바다가 만나는 포구에 주로 생겨났어요. 왜 서해안 지역에만 발달했을까요? 동해안의 경우에는 북쪽에서 내려오는 한류의 영향으로 1년 내내 생선을 쉽게 잡을 수 있기 때문에 서해안처럼 다양한 저장 방식이 필요하지 않았어요. 반면 서해와 남해의 경우에는 북쪽에서 내려오는 한류와 남쪽의 따뜻한 난류가 만나 어류가 풍부했지만, 겨울철에는 생선을 쉽게 잡을 수 없었어요. 그래서 겨울철까지 생선을 먹을 수 있는 저장 방식이 다양하게 발달한 거예요. 어류가 풍부하고 저장 방식이 다양해지니까 생선의 내장을 활용한 젓갈 등 다른 지역에서는 볼 수 없는 색다른 젓갈도 골고루 등장했어요. 저장 식품의 품질을 결정하는 소금이 생산되는 서해 염전의 발달도 한몫했지요.

시간이 흐르면서 지역별로 새로운 특징이 생겨났어요. 지역에 따라 주로 잡히는 생선이 달랐고 저장 방식, 온도, 양념도 조금씩 달라서 여러 가지 특색 있는 맛을 갖게 된 거지요. 좋은 소금을 쉽게 얻을 수 있는 지역이면서 어장이 발달한 포구에 젓갈이 많이 만들어지게 된 거예요. 또한 내륙 깊은 곳까지 강이 뻗어 있어 운반이 쉬운 지역

에 젓갈 시장이 발달하게 되었지요.

그중에서도 충청남도 논산에 있는 강경 젓갈 시장은 젓갈의 품질이 뛰어나고 맛이 좋아 예로부터 중부 지역의 큰 수산물 시장으로 유명했어요. 현재 강경읍의 인구는 8,500여 명으로 만 명이 채 되지 않지만 한창 시장이 활성화됐던 1930년대에는 북한의 평양, 경상도

의 대구와 더불어 전국 3대 큰 수산물 유통 시장으로 이름을 떨쳤답니다. 이후 전국적으로 철도와 도로가 생기면서 자연스럽게 수산업이 다른 도시로 분산되었어요.

그럼에도 불구하고 오늘날까지 강경 젓갈 시장이 유명한 이유는 강경만이 가지고 있는 자연 지형 때문이에요. 젓갈의 깊은 맛은 발효 온도에 따라 달라지는데 강경에는 1년 내내 10~15도를 일정하게 유지하는 거대한 토굴형 저장고가 곳곳에 있거든요. 게다가 오랫동안 큰 포구 시장으로 명맥을 이어 오면서 강경만의 독특한 저장법과 양념 기술이 발달했기 때문이에요. 지도에서 강경을 찾아보면 대전, 부여 등 중부 지역 곳곳에서 이어진 금강의 지류들이 구불구불 흘러 강경 포구로 모여들고 큰 강을 이뤄 서해로 뻗어 가는 모습을 볼 수 있어요. 강경이 전국 어디라도 쉽게 오갈 수 있는 교통의 중심지였다는 의미예요.

오늘날 강경의 젓갈은 전국 젓갈 시장의 60퍼센트를 차지할 만큼 맛과 품질에서 인정받고 있어요. 1997년부터는 시민들이 힘을 합쳐 '강경젓갈축제'를 개최하고 있어요. 강경젓갈축제는 우리나라의 대표적인 문화관광축제로 선정될 만큼 규모가 크고 재미있어 강경을 찾는 관광객에게 다양한 볼거리를 제공해요.

강경젓갈축제는 매년 10월경 젓갈 소비가 최대로 늘어나는 가을

김장철에 맞춰 열리기 때문에 가족 단위 여행객이 젓갈도 사고 축제도 구경하고 금강이 흐르는 강경의 갈대숲과 포구를 구경하려고 꾸준히 찾아오고 있어요. 입맛 사라진 가족들의 식욕을 채워 줄 전국 최대의 강경 젓갈 시장! 얼마나 맛있는지 올 겨울엔 직접 가서 확인해 볼까요?

한눈에 보는 우리나라의 전통 시장

동대문, 남대문 시장 — 서울

병천 장터 — 천안, 충청남도

강경 젓갈 시장 — 논산

전라북도

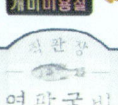
송정 시장 — 광주

전라남도

강원도

횡성

● 횡성 우시장

충청북도

● 대구 약령시장

경상북도

대구

● 부산 국제시장

경상남도

부산

● 화개 장터

3장
세계의 시장

무지개 지붕으로 거듭난 수도원의 변신
스페인 산타 카테리나 시장

　가난하고 굶주린 사람들에게 음식을 나눠 주던 수도원이 멋진 시장으로 탈바꿈해 유명해진 전통 시장이 있어요. 스페인 바르셀로나에 있는 산타 카테리나 시장Santa Caterina Market이에요. 바르셀로나는 유럽의 대표적인 관광 도시이자 건축가 '안토니오 가우디'로 유명한 스페인 제1의 항구 도시예요. 우리나라의 부산처럼 말이에요.
　바르셀로나에는 오랜 역사를 자랑하는 두 개의 큰 시장이 있는데 산타 카테리나 시장과 보케리아 시장이에요. 보케리아 시장은 람블라 거리와 가까워 외국인 관광객이 많이 찾는 반면, 산타 카테리나 시장은 바르셀로나의 무지갯빛 지붕으로 유명해져 지금까지도 현지인에게 가장 사랑받는 전통 시장이랍니다.

19세기에 시상이 저음 생겼지만 시장의 유래는 훨씬 오래됐어요. 지금으로부터 1,000년쯤 전(1223년)에 이곳에 산타 카테리나라는 수도원이 세워졌어요. 수도원은 가톨릭을 믿는 사람들이 함께 모여 수행하는 곳인데 가톨릭 국가인 스페인에는 전국에 유서 깊은 수도원이 많이 있었지요. 유럽에는 여러 국가가 옹기종기 모여 있어서 수시로 침략하며 싸움을 벌였어요. 안타깝게도 수백 년을 이어 온 산타 카테리나 수도원도 1845년 대규모 폭격을 피해 가지 못했어요. 폭격 이후 바르셀로나에는 배고픔에 굶주리는 사람들이 급격히 늘어나기 시작했지요.

그러자 머리에 하얀 두건을 쓴 수녀들이 사람들에게 음식을 나눠 주기 시작했어요. 하루 이틀 시간이 지날수록 무너진 수도원의 선행이 알려지면서 사람들이 점점 모여들기 시작했어요. 넉넉한 사람들은 함께 음식을 나눠 주고 가난한 사람들은 먹거리를 찾아 모여들었어요. 많은 사람이 모이는 곳이니 자연스레 장사하는 사람들도 모여들기 시작했지요. 그렇게 산타 카테리나 시장이 생겨나게 되었어요.

하지만 산타 카테리나 시장이 최근 들어 다시 주목받기 시작한 건

'춤추는 물결의 지붕' 옷을 입기 시작하면서부터예요. 전통 시장이 어떤 물건이나 음식이 아닌 지붕으로 유명해졌다니 뜻밖이지요? 전 세계적으로 오래된 전통 시장은 인심이 좋지만, 재미가 없다는 이유로 사람들에게 외면받고는 했어요. 산타 카테리나 시장 사람들도 고민에 빠졌어요. 하지만 2005년 스페인의 건축가들이 독특한 지붕을 씌우며 산타 카테리나 시장은 새롭게 바뀌었어요.

스페인의 세비야 지역은 알록달록한 타일로 유명한데, 지붕을 만드는 건축가들이 세비야의 장인들에게 특별히 주문해 제작했어요. 파도가 물결치는 듯한 알록달록한 지붕의 색깔은 시장의 과일이 하늘로 솟아오른 것처럼 신선한 상품을 떠올리도록 디자인했대요. 정

말로 기발한 아이디어지요? 그래서 노란색, 초록색, 보라색, 빨간색, 오렌지색 등 총 32만 5,000개의 타일로 67가지의 다채로운 모양을 만들어 마치 미술관에 온 듯한 착각이 들 정도예요.

이후 전통 시장의 예술적 외관을 보기 위해 사람들은 다시 산타 카테리나 시장을 찾아왔어요. 지금은 전 세계의 관광객들이 바르셀로나의 아름다운 전통 시장을 보기 위해 몰려들고 있어요. 그야말로 멋진 새 옷 덕분에 다시 사랑받게 된 기적의 지붕이에요. 하늘에서 봐야 더 아름다운 스페인의 전통 시장. 산타 카테리나는 오늘도 여러 빛깔로 밝게 빛나고 있답니다.

하몽이 유명한 보케리아 시장

보케리아 시장은 산타 카테리나 시장과 쌍벽을 이루는 바르셀로나의 대표적인 전통 시장이에요. 800여 개의 상점이 나란히 줄지어 있고 예술 거리로 유명한 람블라 거리에서 가까워 관광객도 자주 찾는 명소예요. 바르셀로나 사람들이 성 요셉 시장이라고도 부르는데 건어물, 과일, 유제품, 과자, 올리브 등 없는 게 없을 정도로 규모가 어마어마해요. 특히 소금에 절인 돼지 다리인 하몽이 가장 유명해요. 관광 천국 보케리아 시장에는 스페인 사람들이 좋아하는 간식이 죄다 모여 있어요.

> 풍차 나라를 부유하게 만든 치즈의 마술
> # 네덜란드 알크마르 치즈 시장

귀여운 생쥐가 나오는 동화에는 구멍이 송송 뚫린 노란 치즈 덩이가 항상 등장해요. 치즈 속 구멍으로 작은 생쥐들이 숨어 다니며 맛있는 치즈도 먹고 숨바꼭질도 하지요. 그렇게 샛노란 치즈 덩이들이 광장을 꽉 채우는 치즈 시장에 간다면 어떨까요? 바로 풍차의 나라, 튤립의 나라 네덜란드 이야기예요.

네덜란드는 거대한 풍차로 유명하고 알록달록한 튤립으로도 유명해요. 무엇보다 중요한 지리적 특징이 있는데, 바로 육지보다 해수

면이 높다는 거예요. 얼핏 생각하면 굉장히 위험할 것 같지만 네덜란드 사람들은 바닷물이 넘쳐흐르지 않도록 댐도 만들고 수로도 아주 잘 정비했어요. 네덜란드에서는 일찌감치 농업과 축산업을 발전시켜 불편한 지리적 한계를 이겨 내려고 노력했어요.

우유로 만드는 대표적인 음식이 바로 치즈예요. 치즈는 영양이 풍부하고 유산균이 많아 서양 사람들의 국민 건강식이라 할 수 있어요. 특히 네덜란드의 치즈는 과거 대항해 시절부터 해외 곳곳으로 팔려 나가 네덜란드를 일찌감치 부유하게 만든 일등 공신이에요. 치즈의 역사가 2,000년도 넘는다고 하니 네덜란드 사람들의 치즈 사랑이 어느 정도인지 짐작할 수 있겠지요. 지금도 네덜란드 곳곳에는 치즈만 전문적으로 판매하는 전통 치즈 시장이 발달해 있어요. 그중에서도 전 세계적으로 손꼽히는 곳이 알크마르 치즈 시장Alkmaar Cheese Market이에요.

알크마르 치즈 시장은 네덜란드의 수도 암스테르담에서 북쪽으로 1시간 거리에 위치한 작은 도시에 있어요. 1622년에 처음 생겨 400년간 유지해 온 역사 깊은 곳이에요. 네덜란드 사람들은 알크마르 치즈 시장에 대한 자부심이 대단해요. 알크마르 지역의 치즈가 인기를 끌자 사람들은 치즈 조합을 만들었고 이후 예배당으로 쓰던 건물과 바흐 광장을 치즈 전문 시장으로 바꾸었지요. 이후에도 현대적으로 고친 신식 치즈 시장이 전국에 생겨났지만, 알크마르 사람들은 전통 방식을 버리지 않고 옛 모습을 그대로 간직했어요. 그래야만 많은 사람이 알크마르의 전통적인 치즈 제조 방식을 신뢰할 거라 생각했기 때문이에요.

알크마르 치즈 시장에 들어서면 광장 가득 펼쳐진 어마어마한 양의 황금빛 치즈 벌판이 보여요. 치즈 시장은 알크마르 시내 중심에 있는 광장에서 열려요. 많은 사람이 구경하는 가운데 치즈를 죽 늘어놓고 거래가 이루어져요. 하루에만 무려 30만 킬로그램의 치즈가 팔려 나간다고 하니 굉장하지요? 광장에 넓게 펼쳐진 노란 치즈는 마치 거대한 황금색 체스판처럼 보이기도 하고 귀여운 동화 속 놀이동산 같기도 해서 치즈를 싫어하는 어린이에게도 인기 최고랍니다.

알크마르 치즈 시장에 가면 독특한 모자를 쓰고 몸집이 큰 치즈 파더를 만날 수 있어요. 치즈 파더는 치즈를 만드는 사람 또는 치즈를 지키는 요정이라고 할 수 있어요. 치즈 시장이 잘 운영되도록 책임지는 주인공이에요. 수박보다 큰 치즈 한 덩이는 보통 무게가 15 킬로그램 정도이므로 치즈 파더는 힘이 세야 해요. 전통적으로 남자들이 일을 도맡아 왔지요. 그래서 아쉽게도 치즈 마더는 없어요.

치즈 거래는 4월부터 9월까지 매주 금요일 오전 10시부터 시작돼요. 치즈가 다 팔리면 일찍 문을 닫기 때문에 시장을 방문하려면 서둘러야 해요. 치즈 시장이 끝나면 바흐 광장에는 순식간에 야외 탁자가 놓여지고 누구든지 맛있는 치즈를 맛보거나 간단한 식사도 할 수 있답니다.

거인의 레고 블록 같은 네덜란드 마르크탈 시장

네덜란드를 상징하는 또 다른 전통 시장은 바로 로테르담에 있는 마르크탈 시장 Markthal Market이에요. 로테르담은 네덜란드 제2의 도시로 라인강 하구에 위치하면서 유럽 최대의 무역항으로 알려져 있어요. 로테르담 최대의 전통 시장인 마르크탈은 몇 년 전 네덜란드 최초로 지붕 있는 시장을 만들어 주목을 받았어요. 마르크탈은 거대한 레고 블록처럼 생겼지만 가까이 가서 보면 어마어마하게 큰 터널처럼 생긴 건물 속에 아파트, 슈퍼마켓, 레스토랑, 주차장과 시장이 모두 들어 있어요.

유럽의 건축 평론가는 마르크탈 시장을 보고 "쭈그리고 앉은 귀엽고 거대한 생명체"라고 했대요. 이 시장이 더 유명해진 건 건물 안에서 바라본 천장의 모습 때문이에요. 거대한 예술 작품을 동그랗게 구부려 시장의 천장을 덮은 느낌인데 실제 들어가서 바라보면 너무 거대해 입이 떡 벌어질 정도예요. 네덜란드의 예술가 아르노 코에넨과 이리스 로스캄이 함께 만들었는데 17세기 네덜란드의 정물화에서 아이디어를 얻었다고 해요. 매주 화요일과 토요일엔 450여 명의 판매자가 참여하는 벼룩시장도 열린다고 해요.

셰프가 사랑한 런던의 부엌
영국 버러 마켓

영국 런던에는 곧 1,000년이 되는 아주 오래된 시장이 있어요. 런던에서 가장 오래되고 시장 구경하는 재미가 있는 버러 마켓Borough Market이에요. 영국 사람들이 좋아하는 곡물 빵과 커피, 신선한 채소와 과일, 해산물 등 대표적인 식재료가 가득해 런던 사람들의 식생활을 엿볼 수 있는 곳이랍니다.

오래전 세계 각지로 영토를 넓게 확장했던 영국을 두고 사람들은 '해가 지지 않는 나라'라고 불렀어요. 유럽, 아시아, 아프리카, 남아메리카에 이르기까지 영국이 점령한 영토가 너무 넓었기 때문에 어느 곳이든 해가 떠 있는 지역이 반드시 있다는 의미였어요. 그렇게 천하를 호령했던 영국의 수도가 바로 런던이에요. 그리고 런던 사람들을 먹여 살린 곳이 바로 버러 마켓이에요. 그래서 사람들은 버러 마켓을 '런던의 부엌'이라 불러요.

 버러 마켓은 런던 브릿지 역에서 걸어서 5분이면 닿을 수 있는 가까운 곳에 있어요. 시장 안에 들어서면 상인들이 밝게 맞아 줘요. 기차 지나가는 소리와 물건을 고르는 아주머니들이 떠드는 소리로 시끌벅적합니다.

 런던의 버러 마켓은 재래시장이지만 백화점이나 대형 유통 상가보다 물건 값이 싸지 않아요. 그런데도 사람들은 버러 마켓을 좋아하고 매일 찾아와요. 물건이 다양하고 품질이 좋을 뿐 아니라 시장에서만 느낄 수 있는 재미가 있거든요.

 이곳에서는 정장을 입은 런던의 젊은 직장인을 많이 볼 수 있어요. 시장 거리에서 먹는 음식이라 얕보면 안 돼요. 날마다 다양하고 맛 좋은 먹거리들이 쏟아지니까요. 버러 마켓 사람들은 이곳에서 판매하는 질 좋은 재료를 이용해 햄버거, 신선한 과일로 만든 주스, 노릇노릇하게 방금 구운 바비큐, 부드럽게 으깬 감자로 만든 감자튀김 등 멋쟁이 런던 신사들이 좋아할 만한 즉석 음식을 매일매일 만들어

내요.

　버러 마켓의 또 다른 자랑거리는 인기 있는 영국의 최고 셰프들이 가장 사랑하는 시장이라는 거예요. TV에도 나오고 여기저기 강연도 많이 하는 유명 셰프들이 매일같이 버러 마켓의 좋은 식재료를 홍보하다 보니 자연스럽게 이미지가 더 좋아지고 있어요. '음식이 발달하지 않은 나라'라는 영국의 이미지가 버러 마켓 덕분에 조금씩 좋은 쪽으로 바뀌어지고 있어요.

　11세기에 처음 만들어져 오랜 시간 동안 영국을 대표하는 시장으로 발전한 버러 마켓은 현재까지 사랑을 받고 있어요. 시장 상인들은 시장의 좋은 물건과 요리 비법, 재미있는 거리 음식 등을

알리기 위해 '시장 신문'도 직접 만들어 배포하고 있어요. 그만큼 런던 시민들과 함께 소통하기 위해서지요.

  그런데 최근에 안타까운 소식이 들려왔어요. 시장이 활성화되고 많은 사람이 꾸준히 모여들자 테러리스트들이 버러 마켓에 흉기를 들고 나타나 사람을 위협하는 사고가 발생했거든요. 시장 사람들은 며칠 동안 시장 문을 닫고 희생자를 애도하기도 했어요. 그래도 오랜 세월을 이어 온 런던의 부엌은 절대로 문을 닫지 않을 거예요. 앞으로도 더 많은 관광객이 즐겁게 영국 음식을 맛볼 수 있도록 노력할 테니까요.

채소밭에서 런던 최고의 관광 시장으로 변신한 코벤트 가든

코벤트 가든은 런던 중심가에 위치하고 기념품을 파는 상점도 많아 영국을 처음 방문하는 관광객에게 유명한 곳이에요. 극장과 상점이 몰려 있는 피카딜리 서커스는 물론이고 런던 오페라 하우스와 교통 박물관이 나란히 있는 번화가에 있지요. 300년 전 이곳은 과일과 채소 등을 재배하던 밭이었어요. 도시가 형성되면서 자연스레 중심지 역할을 하게 되었고, 그때부터 큰 청과 시장이 생겼어요. 과거에 영국 사람들은 코벤트 가든을 '런던의 식량 창고'라고 불렀어요. 오랜 기간 과일과 채소를 파는 시장으로 이어져 왔는데 최근에는 의류, 꽃, 식품, 공예품 등 온갖 상점이 다양하게 들어서고 있어요. 영화 '마이 페어 레이디'의 배경이 된 곳으로 알려져 추억의 방문지로 각광을 받고 있어요.

세상에서 가장 큰 골목 예술 시장
프랑스 생투앙 벼룩시장

　바게트와 와인의 나라 프랑스에는 온갖 예술품과 골동품을 파는 특별한 시장이 있어요. 매일 아침 열리는 특이한 예술 시장을 보려고 사람들이 하나둘씩 모여들어요. 세계에서 가장 큰 골동품 시장으로 알려진 생투앙 벼룩시장을 구경하기 위해서예요. 생투앙 벼룩시장은 "빵과 우유는 동네에서 사고 가구와 미술품을 사려면 생투앙으로 간다."라는 말이 생길 정도로 프랑스 사람에게 잘 알려진 곳이에요.

생투앙 거리

생투앙 벼룩시장은 파리의 중심가에 위치한 노트르담 대성당에서 북쪽으로 1시간 거리에 있는 생투앙 거리에서 열려요. 생투앙 벼룩시장은 파리 동쪽의 뱅센 지역에 있는 몽트뢰유 벼룩시장, 남쪽의 방브 벼룩시장과 함께 파리의 3대 명물로 손꼽히는 시장이에요. 1870년 무렵부터 상인들이 모여들었지만 공식적으로는 1885년부터 시장의 형태를 갖추기 시작했어요. 생투앙 거리에 들어선 상점만 2,500여 개가 넘고 인근 골목까지 온갖 골동품과 예술 작품으로 채워져 있어요. 크고 작은 개별 시장만 14개 정도 모여 있답니다.

생투앙 거리에 들어서면 세상에서 가장 거대한 야외 미술관에 온 듯한 착각이 들어요. 예술가가 조각한 것 같은 특이한 의자와 가구도 보이고 파리의 이름 모를 화가가 공들여 그렸을 법한 멋진 그림이 거리 곳곳을 장식해요.

생투앙의 골목골목 흩어져 있는 작은 시장엔 골목마다 전문적으로 다루는 품목이 있어요. 어떤 골목에선 아주 오래된 음반과 악기를 주로 판매하고 어떤 골목에선 언제 만들어졌는지조차 알기 어려운 고가구를 전문적으로 판매하기도 해요. 생투앙 벼룩시장의 모태가 된 베르네종 골목은 우아한 부인들이 좋아하는 고가구와 예스러운 소품을 주로 판매하는 시장이 모여 있어 넓은 생투앙 벼룩시장에서도 가장 인기 있어요.

생투앙 벼룩시장의 또 다른 명물은 손님이 와도 한가롭게 앉아 있는 느긋한 상인이에요. 다양한 물건이 진열된 골목에 따뜻한 봄볕이 내리쬐면 상인은 상점 앞에 흔들의자를 내놓고 한가롭게 책을 읽기 시작해요. 손님이 상점으로 들어와 이것저것 만지작거려도 상인은 팔 생각이 없는 듯이 한가롭게 책장을 넘겨요. 생투앙 벼룩시장이 너무 유명하다 보니 작은 미술관처럼 마음대로 구경하고 조용히 가도 된다는 의미래요.

생투앙 벼룩시장을 다녀온 사람들은 이곳을 에펠탑 다음으로 꼭 가 볼 만한 가장 파리다운 장소라고 추천해요. 오랜 역사도 중요하지만 생투앙 전역에 걸쳐 14개의 다양한 시장이 골목골목 발달해 있고 오래된 물품을 실컷 구경하며 색다른 물건을 만나 볼 수 있으니 보통의 시장과는 확실한 차이가 있어요. 100년이 넘은 옷감도 살 수 있어요. 유명한 영화 배경으로도 종종 나왔어요. 이래저래 생투앙은 파리 최대의 관광 명소로 자리 잡았어요.

그래서일까요? 최근에는 1년에 500만 명 이상의 외국인 관광객이 생투앙 벼룩시장을 찾아오고 있어요. 시간이 흐를수록 너욱 값진 골동품과 고미술품을 귀하게 모아 점점 더 빛을 발하고 있어요. 오늘날 생투앙 벼룩시장은 세계에서 가장 큰 벼룩시장일 뿐만 아니라 파리 사람들이 가장 사랑하는 보물 창고가 되었어요.

벼룩시장의 유래
벼룩시장은 중고품, 재활용품 등을 주로 사고파는 시장을 말해요. 프랑스에서 처음 생겨난 말인데 '벼룩이 들끓을 정도로 아주 오래된 물건'을 판다고 하여 벼룩시장이라는 말이 생겨났지요. 플리마켓 flea market의 '플리'는 벼룩이라는 뜻이랍니다.

수요일 아침마다 보랏빛으로 물드는 라벤더 시장

은은한 라벤더 향은 우리 주변에서 흔히 접할 수 있지만 실제로 라벤더 꽃이 핀 들녘의 장관을 본 사람은 많지 않을 거예요. 라벤더는 씻는다는 의미의 라틴어 '라바레'에서 유래한 말이에요. 이집트의 파라오 투탕카멘의 묘지 안에서도 라벤더 크림 통이 발견될 만큼 유럽 등지에서는 수천 년부터 약재나 향수로 사용되었어요. 지금은 프랑스 남부의 프로방스 지방에서 가장 많이 수확되는 꽃이에요. 프랑스 남부 니스에서 매년 2월에 열리는 니스 카니발에서도 가장 인기 있는 순서가 바로 라벤더가 등장하는 꽃 퍼레이드랍니다.

라벤더가 흐드러지게 피는 7월이 되면 프로방스 지방은 보랏빛과 우아한 향기로 가득 찹니다. 매주 수요일 아침마다 열리는 생 레미 드 프로방스 라벤더 시장 외에도 프랑스 남부 지방의 여름 마켓에서는 어디에서든 보랏빛 라벤더 물결을 만날 수 있어요. 어린이들에게는 라벤더를 넣어 만든 달콤한 보랏빛 아이스크림이 인기이고 어른들에게는 라벤더 향수와 비누가 선물용으로 인기 있다고 해요.

> 천 명이 함께 모여 소통하는 시장
> **독일 빅투알리엔 시장**

　소시지와 맥주 하면 가장 먼저 떠오르는 나라가 있지요? 독일 사람들은 지역마다 서로 다른 방법으로 만든 맥주를 국민적 자존심으로 생각하고 있어요. 우리나라의 전통주인 막걸리처럼 말이에요. 독일 사람들은 지역마다 질 좋은 맥주를 만들어 온 국민이 즐겨 마신답니다. 특히 매년 10월이면 독일 남부의 뮌헨에서 맥주 축제인 '옥토버 페스트'가 열려 전 세계 사람이 몰려들어요. 맛있는 맥주도 맛보고 독일의 이색 문화도 함께 즐기기 위해서예요. 1810년부터 시작돼 200년 이상의 역사를 이어 온 맥주 축제는 오늘날 독일을 맥주와 소시지로 대표되는 나라로 만들었어요.

독일 뮌헨의 옥토버 페스트

맥주로 유명한 뮌헨의 자랑거리는 200년 역사를 지닌 빅투알리엔 시장Viktualien Market이에요. 원래는 시청 앞 마리엔 광장에서 1158년부터 열렸던 농산물 장터가 빅투알리엔으로 옮겨 와 더욱 번창하게 된 거예요. 빅투알리엔은 19세기 초에 생겨난 최대 규모의 전통 시장이에요. 빅투알리엔이란 라틴어로 식료품을 의미하는 빅투알리아의 독일식 표기예요. 이곳에는 140여 개의 상점이 다양한 식료품을 팔고 있어요. 우리나라 동대문과 남대문의 시장처럼 뮌헨을 상징하는 대표 시장이지요.

뮌헨의 마리엔 광장을 지나면 거대한 시장 입구가 나오는데 여기부터 빅투알리엔 시장이 시작돼요. 소시지와 온갖 햄 종류, 싱싱한 제철 과일, 인근 농부들이 직접 재배한 채소, 입속에 들어가면 까끌까끌하지만 몸에 좋은 곡물로 만든 건강 빵 그리고 시원한 맥주 등 먹거리가 가득해요.

빅투알리엔 시장은 뮌헨 사람들에게 옹달샘 같은 곳이랍니다. 또한 200년 전통의 오랜 역사를 가진 만큼 다양한 모양의 소시지와 햄을 쉽게 볼 수 있어요. 독일식 돈가스로 알려진 '슈니첼'은 어린이에게 인기 최고예요.

슈니첼

하지만 빅투알리엔 시장이 독일 사람에게 사랑받는 진짜 이유는 따로 있어요. 바로 지구상에 단 하나뿐인 거대한 야외 식당이 있기 때문이에요. 빅투알리엔 시장 가운데에는 1,000여 명이 한꺼번에 앉아 맥주와 시장의 먹거리를 즐길 수 있는 나무 테이블이 나란히 놓여 있어요. 광장과 상점들의 위치에 따라 조금씩 나눠서 배치하기도

해요. 뮌헨 사람들은 전통 시장에 와서 필요한 물건만 빨리 사고 돌아가는 사람들을 시장에 좀 더 오래 머물게 하고 싶었어요. 손님들이 다양한 물건도 구경하고 배 고플 때 음식도 많이 사 먹어야 시장이 더욱 북적거릴 테니까요. 그러려면 누구나 편히 앉아 맥주도 마시고 쉴 수 있는 '만남의 장소'가 필요하다고 생각했어요. 그래서 빅

투알리엔 시장은 울창한 나무숲과 함께 시장 가운데 자리한 넓은 비어 가든이 더 유명해졌지요. 멀리서 친척들이 오면 꼭 들르는 곳이에요. 여행객들도 시장 안 나무 테이블에 앉아 맥주 한잔하는 게 중요한 절차가 되었지요.

빅투알리엔 시장에선 독일 사람만의 철학도 엿볼 수 있어요. 바로 '모두 함께 잘살자'는 상생 정신이에요. 뮌헨 인근에서 농사를 짓는 농부들의 물건을 가장 먼저 판매한다는 거예요. 특히 사람들의 건강을 위해 신선한 유기농 농산물과 믿을 수 있는 농산물만 판매하기로 서로 약속했지요. 뮌헨 사람들은 빅투알리엔 시장에서 신선한 재료를 쉽게 살 수 있고, 인근 농부들은 애써 키운 농산물을 신속하게 판매할 수 있어 서로에게 이득이에요.

200년 된 빅투알리엔 시장은 유럽 내에서 성공한 전통 시장일 뿐만 아니라, 농부들에게 없어서는 안 될 농민 시장으로 유명해요. 이런 시장이야말로 우리에게 꼭 필요한 진짜 모범 시장이 아닐까요?

유럽에서 두 번째로 큰 중세 광장, 폴란드 크라쿠프 중앙 시장

크라쿠프는 폴란드의 옛 수도예요. 지금 수도는 바르샤바예요. 크라쿠프는 폴란드 제2의 수도로 경제 활동의 중심지이자 중세 시대의 모습을 멋스럽게 간직하고 있는 도시지요. 도시 주변에는 폴란드의 옛 왕들이 500년 동안 살았던 바벨성이 있어요. 도시 중심에는 거대한 광장이 있는데 이곳이 바로 폴란드에서 가장 역사가 깊은 크라쿠프 중앙 시장 광장이에요. 크라쿠프 중앙 시장 광장은 유네스코 세계 문화유산으로 등재되어 있어요. 크라쿠프 중앙 시장 광장은 예로부터 귀족들의 사교장으로 많이 활용되었어요. 지금도 광장 주변에는 옛 귀족들이 살던 웅장한 건축물이 늘어서 있어요. 요즘은 예술품과 기념품을 파는 상점이 많고 시장 광장 한쪽에는 비둘기와 비누 거품 놀이를 하는 어린이를 쉽게 볼 수 있어요.

실크로드의 종착역에 생겨난 거대한 미로
터키 그랜드 바자르 시장

    터키는 유럽과 아시아가 만나는 중간 지점에 있어요. 한국 전쟁 때 터키 군대가 우리나라를 도와준 적이 있어서 지금까지도 형제의 나라로 친분을 맺고 있지요. 수도 이스탄불은 인구가 1,500만 명이 넘는 엄청나게 큰 도시예요. 동서양이 만나는 지리적 이점 때문에 옛날부터 온갖 전쟁에 시달려야 했고 한때는 동로마 제국의 수도이자 오스만 제국의 중심 도시로 위용을 떨쳤던 역사적인 도시랍니다.

    이스탄불은 동서양 교역의 중심지였어요. 아시아와 유럽 두 대륙이 맞닿아 있는 유일한 도시니까요. 오랜 옛날 아시아의 물품을 유럽으로 전파하고 유럽의 물건을 아시아로 들여오던 실크로드 무역의 종착역이 바로 터키 이스탄불이었어요. 아시아의 비단을 중심으로 여러 물품을 실어 날랐다 하여 비단길Silk Road이라고 불렀지요. 당시에는 지금처럼 비행기나 기차 같은 교통수단이 없었기 때문에 낙타에 짐을 싣고 육로를 따라 끝없이 걸어서 무역을 했어요.

이렇게 중요한 실크로드의 중심이자 종착점에서 가장 호황을 누리던 곳은 어디였을까요? 바로 시장이랍니다. 이스탄불의 그랜드 바자르Grand Bazaar는 전 세계적으로 다섯 손가락 안에 꼽히는, 역사와 규모를 자랑하는 어마어마하게 큰 시장이에요. 아시아의 입장에서는 실크로드 무역의 종착역에 있는 시장이지만 그랜드 바자르는 그보다 훨씬 이전부터 발달한 세계 최대 규모의 전통 시장이랍니다.

그랜드 바자르 시장에 들어서면 마치 미로 게임이 시작된 것 같아요. 시장이 너무 크고 복잡해서 어디가 어딘지 가늠하기조차 어렵거든요. 터키 사람들은 그랜드 바자르를 카파르 차르쉬Kapar Carsi라고 부르는데 '지붕이 덮인 시장'이라는 뜻이에요. 1461년에 처음 만들어져 무려 500년의 역사를 가지고 있답니다.

그랜드 바자르 시장에 들어서면 온갖 금속 세공품이 먼저 눈에 들어와요. 터키는 예로부터 정교한 세공 기술이 발달했기 때문에 지금

까지도 터키의 금은 장신구와 액세서리가 전 세계로 팔려 나가고 있답니다. 시장에는 작은 망치와 끌로 금속 공예를 하는 안경 쓴 노인을 많이 볼 수 있어요. 또한 터키는 질 좋고 디자인이 화려한 양탄자도 유명해요.

이스탄불의 그랜드 바자르 시장은 60여 개의 길고 좁은 골목으로 나눠져 있지만 헷갈리지 않도록 하나로 통합되어 있어요. 워낙 시장이 크다 보니 사방에 20여 개 넘는 출입구가 있고 60여 개의 거리에 5,000개 이상의 상점이 끝없이 이어져 있어요.

심지어 《미운 오리 새끼》의 작가 안데르센도 이곳에 와 보고 깜짝 놀랐대요. "터키에 갈 거라면 그랜드 바자르를 꼭 가 봐야

지."라고 하면서 극찬을 했대요. 무엇보다 그랜드 바자르 시장이 지닌 독특하고 이국적인 분위기 때문이에요.

그랜드 바자르 시장에 가면 양고기 케밥을 꼭 먹어 봐야 해요.

케밥이 터키 전통 음식인 건 잘 알고 있지요? 터키 사람들은 양고기 케밥을 매우 좋아해요. 나이 든 어른들은 매콤한 곱창 케밥, 여성들은 고등어로 만든 고등어 케밥을 즐겨 먹지요.

물건을 많이 사는 손님에게는 터키의 국민 음료인 차이를 대접하기도 해요. 차이는 터키의 국민 홍차라고 할 수 있어요. 작은 유리잔에 담긴 홍차에 설탕을 넣고 작은 티스푼으로 저어서 달콤하게 마시지요. 터키는 세계에서 홍차를 가장 많이 소비하는 나라로 유명해요. 시장 상인들도 시간 날 때마다 홍차를 배달해 먹기 때문에 그랜드 바자르 시장에서는 금속 쟁반을 들고 빠르게 움직이는 홍차 배달꾼의 모습도 굉장히 흥미로워요. 그리고 여기저기서 티스푼으로 홍차를 젓는 짤그랑 소리가 살 들려요.

그리스 신들이 놀러 올 법한 아크로폴리스의 7일장

'그리스' 하면 뭐가 가장 먼저 떠오르나요? 대부분 아크로폴리스와 수많은 신화 이야기일 거예요. 그리스의 아크로폴리스 인근에는 매주 월요일마다 7일장이 열려요. '라이키 아고라'인데요, 아고라는 광장, 시장, 집결지를 의미해요. 도시 국가였던 고대 그리스에서는 국가마다 방어를 위해 언덕처럼 높은 곳에 신전과 성벽을 쌓았어요. 이것을 폴리스라고 불렀는데 시간이 흘러 도시 국가를 그대로 폴리스라고 부르게 되었어요. 아크로폴리스는 높은 언덕이 있는 도시 국가라고 생각하면 쉬워요. 폴리스에 '높다'라는 의미의 아크로akros를 붙여서 만든 말이거든요. 지금도 그리스에는 아크로폴리스가 여러 곳에 흩어져 있어요. 다만 아테네의 아크로폴리스가 가장 유명해 일반적으로 '아크로폴리스' 하면 파르테논 신전이 있는 아테네를 가리키는 거예요.

이렇게 멋진 고대의 신전 마을에서 열리는 7일장은 어떤 모습일까요? 아테네의 라이키 아고라 시장은 우리나라의 오일장과 비슷해요. 매주 월요일은 아크로폴리스를 시작으로 월요일부터 토요일까지 지역을 돌아다니면서 시장이 열려요. 그리스에서는 지역의 소상공인과 생산자를 보호하고 도시 소비자와 자주 만날 수 있도록 7일장 같은 제도를 적극적으로 권장하고 있어요. 아크로폴리스의 라이키 아고라가 내세우는 것은 좋은 제품을 저렴한 가격으로 제공한다는 거예요. 실제로 라이키 아고라에서는 무려 2만 5,000여 명의 상인이 장사를 하는데 신용을 지키지 않으면 상인 허가증을 받을 수 없어요. 상인들은 라이키 아고라에서 장사해도 좋다는 허가증을 계속 유지하기 위해 노력하고 있지요.

라이키 아고라 시장은 새벽부터 시작되기 때문에 낮 2시 무렵이면 물건이 모두 떨어져요. 그래서 정오 무렵부터는 물건 값이 더 낮아져 실제로 소비자는 아주 싼값에 물건을 살 수 있어요. 라이키 아고라의 상인 허가증을 받지 못한 사람들은 시장에서 가까운 다른 곳에 임시 좌판을 깔아 놓고 장사를 하면서 허가증을 기다리는 경우가 많아요. 신들의 도시 아테네에서도 소상공인을 위한 7일장은 시민에게 가장 사랑받는 전통 시장이에요.

낙타가 눈썹도 정리하고 이발도 한다면 믿을 수 있나요? 실제로 화려한 옷을 입고 화장도 하는 낙타가 있어요. 인도 북서부에 위치한 푸쉬카르에는 매년 11월 전국의 멋쟁이 낙타들이 죄다 모여들어요. 세계 최대의 낙타 전문 시장인 푸쉬카르 낙타 시장Pushkar Camel Market을 보기 위해서예요.

인도는 아시아의 남쪽에 위치한 거대한 나라예요. 힌두교와 축제로 유명하지요. 특히 푸쉬카르 낙타 시장은 다른 나라에서 흔히 볼 수 없는 특별한 볼거리 때문에 시장과 축제가 함께 열린답니다.

푸쉬카르 낙타 시장은 매년 10월 말부터 11월경 보름달이 뜰 때 열려요. 인도는 땅이 넓고 사막 지대가 많아 힘 좋고 다리가 튼튼한 낙타가 전통적인 운송 수단으로 중요한 역할을 해 왔어요. 인도에서는 소뿐 아니라 국민 운송 수단인 낙타도 매우 중요하게 생각했어요. 낙타 한 마리가 현지 가격으로 35만 원 정도에 거래된대요.

인도 낙타 시장

푸쉬카르 낙타 시장은 낙타가 귀한 만큼 1년에 한 번만 열려요. 한 번 시장이 열릴 때마다 5만 마리 정도의 낙타가 전국에서 모여들어요. 그 규모가 어느 정도일지 상상이 가나요? 돈도 없고 길이 험한 곳에서는 푸쉬카르 낙타 시장에 가기 위해 15일 전부터 걸어서 오기도 해요. 푸쉬카르는 인구가 2만 명이 채 안 되는 작은 시골 마을이에요. 하지만 푸쉬카르 낙타 시장이 열릴 무렵이면 30만 명 이상의 관광객이 찾아와요.

낙타 시장이 열리는 동안 푸쉬카르 시내에서는 낙타 축제가 함께 열려요. 축제에서는 힌두교 의식을 치르고, 거리의 유랑 극단이 공연을 하고, 다양한 인도 전통 요리를 소개해요. 그중에서도 낙타 댄스 경연 대회가 가장 인기 있어요.

온몸에 알록달록한 꽃과 여러 빛깔의 종이 가루, 끈, 구슬 등으로 화려하게 장식한 낙타들이 주인의 구령에 맞춰 앞다리를 들썩들썩 하며 춤을 추기 시작하면 사람들은 신기해하며 박수를 쳐요. 가끔 춤을 추기 힘든 낙타들은 성을 내며 주인에게 침을 뱉기도 해요. 낙타 댄스 대회는 낙타의 춤 솜씨와 함께 주인과의 교감을 중요하게 평가해요.

인도 사람들은 80퍼센트 이상이 힌두교를 믿어요. 힌두교에서는 창조, 유지, 해체를 담당하는 3명의 신이 있는데 그중 세상의 신, 창조의 신이 바로 브라흐마 신이랍니다. 아주 오랜 옛날 브라흐마 신이 악마와 싸우던 중 무기로 쓰던 연꽃을 잘못 떨어뜨렸는데 그 연꽃이 떨어진 곳에 호수가 생겨났대요. 브라흐마의 신화 속에 나오는 연꽃 호수가 바로 푸쉬카르 시내에 있는 동그란 푸쉬카르 호수예요. 그래서 인도 사람들에게는 푸쉬카르가 종교적 성지 같은 곳이라 할 수 있어요. 특히 매년 11월 보름달이 뜰 때는 브라흐마 신의 기운이 가장 왕성할 때라고 믿고 있어요. 그래서 인도 사람들의 삶에 중요한 낙타 시장이 이 시기에 열리게 된 거예요.

 푸쉬카르 낙타 시장에서만 볼 수 있는 특별한 볼거리도 있어요.

인도 푸쉬카르 시내 모습

바로 낙타 미용실, 낙타 액세서리 가게, 낙타 병원이에요. 낙타도 잘 생기고 건강해야 시장에서 인기 있기 때문에 상인들은 자신의 낙타가 비싼 값에 팔릴 수 있도록 낙타를 한껏 꾸며요. 머리에 꽃가루와 꽃잎 등으로 장식을 하고 목에는 꽃과 구슬이 달린 장신구와 가죽이 보이지 않을 정도로 화려하게 치장을 하지요. 심지어 낙타 눈썹도 정리하고 몸의 털을 깎아 타투처럼 그림을 그리기도 해요. 낙타 한 마리당 이발 비용은 우리 돈으로 5,000원 정도라고 해요.

요즘 몸값 높은 낙타는 머리와 등에 달린 혹이 잘생겨야 한대요. 낙타는 오랫동안 무거운 짐을 싣고 잘 걸어야 하니까 일단 몸통과 다리가 튼튼해야 하고 귀 윗부분 머리가 뾰족하게 솟아 있어야 잘생긴 낙타예요. 낙타들도 얼굴이 작아야 한대요. 특히 혹이 단단하고

높은 낙타가 건강하다고 해요. 혹 안에는 지방이 축적되어 있기 때문에 물을 먹지 않고도 오랫동안 버틸 수 있어요. 수천 마리의 낙타가 한꺼번에 요동치는 웅장한 낙타 시장. 이다음에 꼭 한번 구경 가 보세요.

무굴 제국의 전통을 이어받은 인도 최대의 전통 시장

인도의 수도인 뉴델리는 정치와 경제, 문화의 중심지예요. 여행자들이 많이 가는 뭄바이는 우리나라의 부산과 같은 제2의 도시이자 항만 도시지요. 수도 뉴델리에는 도시의 중심 역할을 하는 뉴델리역New Delhi Station이 있는데 역을 중심으로 왼쪽과 오른쪽에 인도에서 가장 역사가 오래되고 규모가 큰 전통 시장이 매일 열려요. 뉴델리역 왼쪽에 있는 파하르간지 메인 바자르Paharganji Main Bazar는 이미 전 세계적으로 잘 알려진 여행자의 천국이에요. 여행자를 위한 숙소와 교통편을 구할 수 있는 여행사들이 늘어서 있고 시장에서는 가죽 제품과 의류, 신발, 카펫과 과일 등을 많이 팔아요. 인도의 명절이나 국경일에는 상인들이 음식을 만들어 무료로 나눠 주기도 해요. 하지만 인도는 워낙 물가가 싸기 때문에 무료나 싼 음식보다는 위생적으로 안전해 보이는 음식을 사 먹어야 해요.

뉴델리역의 오른쪽에 있는 올드 델리 구역의 시장은 찬드니 초크Chandni Chowk라고 하는데 인도 무굴 제국의 중심지였다고 해요. 무굴 제국은 1526년부터 1857년까지 인도 전역을 통치했던 이슬람 왕조를 말하는데 그때부터 존재했던 인도 최대의 전통 시장이라 할 수 있어요. 찬드니 초크 시장은 크게 꽃 시장, 은 시장, 향신료 시장으로 나누어져요. 그중에서도 섬세한 세공 기술이 돋보이는 은 시장과 인도 각지에서 올라온 향신료 시장은 외국인 관광객에게 가장 인기 있어요. 알록달록하고 이색적인 인도의 풍경을 사진에 담을 수 있거든요.

특히 뉴델리의 전통 시장 두 곳은 골목골목의 벽면에 굵게 드리워진 검은 전깃줄이 인상 깊어요. 워낙 오래되어 낡은 시설을 한꺼번에 정비할 수 없어 방치된 전기 시설인데 지금까지도 많은 외국인이 인도 하면 떠올리는 대표적인 이미지예요. 게다가 시장을 구경하다 보면 인도의 상징인 소들이 시장 골목을 마음대로 누비고 다녀요. 소 때문에 좁은 시장이 붐비고 교통 체증이 생겨도 사람들은 절대로 소를 나무라거나 쫓아내지 않고 기다려요. 인도는 소를 숭배하는 힌두교의 나라이기 때문이에요. 더욱더 놀라운 사실은 시장 주변에 마치 동네 반려견이 돌아다니듯 원숭이가 아무렇지 않게 뛰어다닌다는 거예요. 도심 안의 공원이 숲처럼 잘 조성되어 있어 적응력이 뛰어난 원숭이들이 무리를 지어 살아요. 근처에 오래된 시장이 있으니 먹을 것을 구하기도 쉽겠지요. 원숭이가 뛰어노는 무굴 제국의 전통 시장, 기회되면 꼭 한번 가 보세요.

> 참치 한 마리에 7억 원? 세계 수산물 거래량 1위
> **일본 쓰키지 시장**

 세계에서 참치 소비량이 가장 많은 나라가 바로 일본이에요. 일본은 전 세계 참치의 3분의 1가량이 소비되는 참치 공화국이에요. 그리고 사면이 바다로 둘러싸인 섬나라이기 때문에 예로부터 해산물 요리가 굉장히 발달했어요. 오늘날에도 바다에서 나는 식재료를 전문으로 하는 수산물 시장이 전국 곳곳에 고루 발달해 있어요. 그중 수도 도쿄에 있는 쓰키지 시장은 단연 일본의 대표 시장이라 할 수 있지요.

도쿄에는 모두 11개의 큰 수산물 시장이 있어요. 그중에서 도쿄도 주오구에 있는 쓰키지 시장은 역사와 규모 면에서 최고의 시장으로 손꼽혀요. 생선을 파는 상점이 1,000여 개가 넘고 하루 거래되는 해산물의 양만 2,000톤에 달하지요.

오늘날 도쿄의 중심부에 쓰키지 시장이 자리 잡은 건 1935년이었지만, 실제 시장이 만들어진 건 400년 전인 에도 시대였어요. 에도는 도쿄의 옛 이름이고 에도 시대는 1603년부터 1867년까지 265년간 에도 지역이 정권의 중심지가 되었던 시대를 말해요. 이 시기에 우리나라는 조선 시대였어요.

당시 일본의 왕은 지금의 도쿄인 에도 지역을 중심으로 새로운 정책을 펼치고 있었는데 중요한 먹거리인 수산물 공급이 필요했어요. 이미 거대 도시였던 오사카의 어부들을 불러와 나라에 생선을 헌납하게 하고 대신 다양한 특권을 제공해 주었지요. 어부들은 덕분에 큰돈을 벌 수 있었어요. 하지만 헌납하고 남은 생선을 처분하는 것이 고민이었어요. 그러다 에도의 니혼바시라는 지역에서 남은 생선을 헐값에 팔기 시작한 거예요. 이것이 오늘날 세계 최대의 수산물 전문 시장으로 우뚝 선 도쿄 쓰키지 시장의 첫 시작이었어요. 이후 도쿄에 어마어마한 관동 대지진 사건이 일어났는데 안타깝게도 이때 니혼바시 어시장이 모두 무너지고 말았어요. 오늘날 도쿄 중심의

　쓰키지 시장으로 이사 온 건 1935년의 일이었어요.

　쓰키지 시장에 가려면 기억해야 할 게 있어요. 바로 시간이에요. 쓰키지 시장은 다른 시장과 달리 사고파는 거래량이 워낙 많다 보니 개인 소비자보다 레스토랑이나 스시 전문점처럼 많은 양을 필요로 하는 상인들이 더 즐겨 찾는 곳이에요. 새벽 4시에 쓰키지 시장 주변은 이미 불야성을 이루지요.

　새벽 5시가 되면 고무 앞치마를 맨 남자들이 갑자기 큰 소리로 외치기 시작해요. 쓰키지 시장의 하이라이트인 경매가 시작된 거예요. 시장 안에는 긴장감이 고조되고 경매사의 날카롭고 빠른 목소리가 시장 골목을 쩌렁쩌렁하게 울려요. 생선을 사려는 사람이 손가락으

로 원하는 가격을 표시하고 경매사가 가장 높은 값을 표시한 사람에게 생선을 내어 줘요.

쓰키지 시장에서 놓쳐서는 안 될 재미있는 이벤트도 있어요. 1년 중 가장 큰 주목을 받는 신년 첫 경매 행사예요. 새해의 희망을 담은 첫 경매 참치는 기분 좋은 행운을 가져온다고 해서 인기가 높아요. 2017년에는 참치 한 마리 가격이 무려 7억 6,000만 원까지 매겨졌다고 해요. 정말 놀랍지요? 도쿄의 부엌, 쓰키지 시장은 1년 내내 해산물을 좋아하는 수많은 사람으로 넘쳐난답니다.

400년 역사를 자랑하는 옛 수도의 전통 시장, 교토 니시키 시장

일본 교토에 있는 니시키 시장은 일본의 옛 정취를 가장 잘 간직한 곳이에요. 400년이 넘는 역사를 자랑하지만 니시키 시장이 유명한 건 무수히 많은 맛집과 대를 이은 장인들 때문이에요. 니시키 시장에는 22대째 이어 온 초밥집이 있는가 하면 18대째 대대손손 가업을 잇는 칼 전문점, 8대째 일본식 벚꽃 무늬를 넣은 젓가락만 파는 젓가락 전문점 등 150여 개의 전문점이 빼곡히 들어서 있어요.

교토의 오랜 역사만큼이나 니시키 시장의 전문 상점을 찾는 손님들이 일본 전역에서 찾아오고 있어요. 특히 셰프들은 니시키 시장의 칼 장인에게 자신의 이름이 새겨진 칼을 사는 것에 큰 자부심을 느낀대요. 심지어 어린이들이 좋아하는 전통 계란말이는 니시키 시장의 명물로 떠올라 20분 이상 줄을 서지 않으면 맛볼 수도 없답니다.

> 조각배 위 뜨끈한 국수 한 그릇
> ## 베트남 까이랑 수상 시장

    수상 시장은 도로가 잘 정비되지 않고 지형적으로 좁은 수로가 많은 지역에 발달해요. 작은 조각배 수십 척이 좁은 수로에서 이리저리 비켜 다니며 배 위에서 거래를 하는 거예요. 이른바 물 위의 시장인데, 태국, 미얀마, 베트남 등지에서 자주 볼 수 있어요. 베트남의 까이랑 시장은 서민들의 삶을 지탱하는 데 없어서는 안 될 전통문화로 현지인들에게 사랑을 듬뿍 받고 있어요.

    지도에서 베트남을 찾아보면 머리를 꼿꼿이 세우고 있는 '해마'처럼 생겼어요. 머리 쪽에 수도 하노이가 있고 아래쪽 꼬리 부분에 껀터라는 도시가 있어요. 껀터의 중심에 많은 사람이 즐겨 찾는 까이랑 수상 시장이 있어요.

베트남을 포함한 동남아시아에 크고 작은 수상 시장이 골고루 발달한 것은 이곳 사람들의 젖줄, 삶의 터전이 되는 메콩강이 있기 때문이에요. 메콩강은 중국 티베트 지역에서 시작되어 라오스, 태국, 미얀마, 캄보디아, 마지막으로 베트남을 거쳐 남중국해로 흘러 들어가는 어마어마하게 큰 강이에요. '어머니의 강'이라는 의미지요. 바다처럼 넓은 메콩강 덕분에 농사도 짓고 식수도 얻고 물고기도 잡으면서 풍요롭게 살 수 있는 거예요. 이 메콩강의 가장 끝부분에 있는 수상 시장이 바로 베트남의 까이랑 시장이에요. 멀지 않은 곳에 바다까지 있어 인심도 좋고 파는 물건도 좋은 수상 시장이지요.

까이랑 수상 시장에 가면 제일 먼저 상인들이 배를 운전하는 모습이 눈에 띄어요. 작은 조각배가 각각 개별 상점이기 때문에 많을 때는 수백 척의 배가 강 주변에 모여들어요. 손님들도 하루에 2,000명 가량이 찾아올 정도예요. 상인들은 작은 조각배에 손이 닿는 위치에 물건을 쌓아 놓고 앉은 채로 모든 것을 해결해요. 손님이 있는 쪽으로 노를 저어 이동하고 강변에 서 있는 손님에게 거스름돈도 건네주고 물건도 건네줘요. 심지어 출렁이는 배 위에서 국수를 삶고 바나나 튀김을 만들기도 해요.

　까이랑 수상 시장에 사람들이 모여들면 배 위의 상인들은 점점 손놀림이 빨라져요. 조금 멀리 서 있는 손님이 생선을 사고 싶다고 하면 상인은 금세 막대 끝에 달린 바구니에 생선 봉지를 넣고 막대를 로봇 팔처럼 길게 내밀지요. 관광객은 그 광경이 너무 재미있어 사진을 찍어요. 생선을 받은 강변의 손님은 막대 끝에 달린 바구니에 돈을 넣어 줘요. 상인은 막대를 끌어당겨 돈을 받고 고맙다고 인사하지요.

　배 위에서 너무 힘들지 않을까 걱정하는 사람들도 많아요. 하지만 상인들의 얼굴에는 근심을 찾아볼 수가 없어요. 수십 년간 배 위에서 생활해 온 상인들은 거의 달인의 경지에 올랐거든요. 특히 깐터에는 배 위에 집을 짓고 사는 수상 가옥이 많이 있어요. 수상 가옥은 물결이 높지 않은 강가나 어귀에 나무로 버팀목을 만들어 그 위에 지은 집을 말해요. 강을 터전으로 사는 동남아시아에 많이 발달한 집의 형태예요.

　껀터에는 형편이 좋지 않은 서민들이 수상 가옥에서 주로 생활해요. 낮에는 배 위에서 장사를 하고 밤에는 물 위의 집에서 잠을 자요. 보기에는 특별해 보이지만 평생 물 위에서만 생활한다면 불편하고 힘든 점도 많을 거예요. 수상 시장은 무척 이색적이고 흥미롭지만 배 위에서 발생한 음식물 쓰레기를 메콩강에 버리거나 화장실이 급할 때는 어쩔 수 없이 강에다 볼일을 보기도 해요. 베트남 사람들은 오염된 메콩강을 살리기 위해 고민이 많답니다.

아직도 물물 교환을 하는 새벽 시장, 인도네시아 록바인탄 수상 시장

인도네시아는 아시아의 남쪽, 베트남의 아래에 위치한 거대한 섬으로 이루어진 나라예요. 그중에서도 우리에게 잘 알려진 보르네오섬은 세계에서 세 번째로 큰데 적도가 지나가는 위치에 있어 섬 전체가 거대한 자연 국립 공원처럼 밀림과 습지가 발달했어요. 아시아에서는 유일하게 오랑우탄이 사는 자연 동물원이라 할 수 있어요. 오랑우탄이 사는 숲의 섬이라니 상상만으로 너무 멋있을 것 같지 않아요? 그런데 외부의 나쁜 바이러스로부터 오랑우탄을 보호하기 위해 외부 방문자는 모두 혈액 검사를 받아야 한대요.

보르네오섬 남부 칼리만탄 지역에는 지금도 크고 작은 수상 마을이 많아요. 그중 록바인탄 마을에서 열리는 수상 시장이 가장 오래됐어요. 현지 사람들은 역사가 500년이 넘은 록바인탄 수상 시장이 옛 모습을 그대로 간직하고 있다고 자랑해요. 록바인탄 수상 시장은 인도네시아 사람들 특유의 부지런하고 성실한 문화 때문에 매일 새벽 5시에 반짝 섰다가 낮에는 각자 다른 일을 하러 가요. 아침 무렵 재빠르게 장사를 하고 나면 윗마을에서 조각배를 끌고 내려왔던 상인들은 다시 노를 저어 올라가야 해요. 이때는 조금 더 큰 배가 작은 조각배를 줄줄이 묶어 윗마을까지 친절하게 데려다줘요. 그 모습이 마치 노란 새끼 오리들이 줄지어 나들이 가는 모습과 비슷해 보여요. 록바인탄 수상 시장에 물건을 팔러 나오는 상인들은 대부분 여자들이에요. 이곳에서는 다양한 채소와 간식, 곡물이 많이 거래된다고 해요. 요즘도 상인들끼리 물물 교환을 하는 문화가 남아 있다고 하니 아시아의 옛 모습을 가장 많이 간직한 물 위의 시장이 아닐까 싶어요.

세상에서 가장 위험한 시장
태국 매끌렁 기찻길 시장

    기차가 달려오는 철길 위에 시장이 있다면 어떨까요? 물건을 사다가도 기차 소리에 놀라 후다닥 도망가 버릴 거예요. 그런데 실제로 기찻길 위에서 장사를 하는 상인들이 있어요. 태국에 가면 기차가 다니는 철길 위에서 장사를 하는 기상천외한 전통 시장이 있어요. 바로 태국의 매끌렁 기찻길 시장 Maeklong Railway Market이에요. 기차가 지나갈 때만 잠시 피했다가 순식간에 기찻길 위에 시장이 펼쳐지는 그야말로 마법 같은 시장이지요.

매끌렁 기찻길 시장은 사뭇송크람이라는 태국의 지방 도시에 있어요. 태국의 수도 방콕에서 67킬로미터 남서쪽으로 떨어진 해안 도시인데 태국 북쪽에서 흘러 내려오는 매끌렁강이 바다와 만나는 지점에 위치하고 있지요. 이 도시를 가로지르는 매끌렁강 옆 주택가 안에 매끌렁 기찻길 시장이 있답니다.

매끌렁 기찻길 시장은 매일 새벽 6시에 시작해 오후 5시 정도면 문을 닫아요. 오래전 돈이 없어 상점을 얻을 수 없었던 가난한 사람들이 기찻길 주변에 임시 노점상을 차려 생계를 이어가던 데서 유래됐지요. 요즘에는 '세계에서 가장 위험한 시장'으로 유명해지는 바람에 새벽부터 관광객이 많이 몰려들고 있어요.

맨 처음 시장에 들어서면 아주 오래되고 낡아 보이는 기찻길이 눈에 들어와요. 오래돼서 쓰지 않을 것 같은 낡은 기찻길 위로 노점마다 길게 천막을 치고 소쿠리에 이것저것 먹을 것을 담아 팔고 있는 모습이 여느 전통 시장과 다를 게 없어 보여요. 하지만 이내 태국말로 길게 안내 방송이 나와요. 그때부터 상인들은 갑자기 분주해지기 시작해요. 잠시 후 노란색 페인트를 칠한 오래된 기차가 아주 비좁은 기찻길로 서서히 들어오기 시작해요. 마치 좁은 골목을 기차로 꽉 채워 넣은 듯 빈틈이 없어요. 상인들은 전혀 당황하지 않고 기찻길 위까지 넓게 펼쳤던 천막을 걷고 기찻길 바닥에 깔았던 물건을 순식간에 뒤로 걷어 내요. 그중에 높이가 낮은 물건은 치우지도 않지요. 기차 바닥에 물건이 닿지 않기 때문이에요. 기차가 생각보다 너무 가깝고 골목은 비좁아 사진을 찍던 관광객들은 순식간에 혼비백산이 돼요. 빈 공간만 있으면 몸을 피하기 바쁘지요. 기차가 지나가는 동안에도 관광객들은 눈을 깜빡이며 놀라워해요. 기차에 빨려

들어갈까 봐 잔뜩 겁을 먹는답니다.

 기차가 지나가면 매끌렁 기찻길 시장의 광경은 더욱 재미있게 변해요. 언제 그랬냐는 듯이 상인들은 잠시 걷어 놓았던 천막을 기찻실 위로 다시 치고, 시장 골목은 어느새 햇빛마저 가린 천막 골목으로 변신해요. 관광객들은 순식간에 일어나는 시장의 위험천만한 광경을 보고도 믿을 수 없다는 표정이에요. 그래서 태국 사람들은 매끌렁 기찻길 시장을 '딸랏롬헙'이라고 불러요. 천막 계곡이라는 뜻이지요.

 매끌렁 기찻길 시장에서 가장 많이 파는 물건은 생선이에요. 매끌렁강에서 매일 갓 잡아 올린 싱싱한 생선이 많기 때문에 태국 사람들은 생선을 즐겨 먹어요. 2015년에는 무게 363킬로그램이나 되는 거대한 민물가오리가 잡혀 화제가 되기도 했어요. 또 우리나라에서는 볼 수 없는 개구리 반찬도 잘 팔린다고 해요. 온몸에 양념을 바른 개구리들이 하얀 배를 드러내고 나란히 누워 있는 모습이 측은해 보이지만 제법 맛이 좋다고 해요. 태국 서민들의 애환이 담긴 '세계에서 가장 위험한 기찻길 시장'에는 지금도 기차가 달린답니다.

종일 걸어도 다 못 보는 태국의 짜뚜짝 시장

매끌렁 시장은 기차가 지나가는 특별한 이유로 유명해졌지만 실제로 태국에서 가장 큰 전통 시장은 수도 방콕에서 주말에만 열리는 짜뚜짝 시장이에요. 약 1만 5,000여 개의 상점이 자리 잡고 있어 그냥 둘러보는 것만으로도 꼬박 하루가 걸려요. 워낙 규모가 크다 보니 시장이 미로처럼 변해 버려 자칫 시장 안에서 길을 잃는 경우도 많다고 해요. 주말에만 하루 평균 30만 명 정도가 짜뚜짝 시장을 찾는다고 하니 어느 정도 유명한지 짐작이 가지요? 평일에도 문을 여는 상점이 있기는 하지만 이곳은 주말에 집중되어 있어요. 요일에 따라 나무나 꽃, 열대어 등을 파는 상인들이 요일장처럼 덩달아 시장을 열기도 해요.

신바람 나는 농부들의 축제
미국 파머스 마켓

 농부들이 춤을 추고 축제처럼 즐기는 시장이 있다면 정말 행복하겠지요? 농산물을 직접 키운 농부들이 시장을 만들어 활동하는 '농부들의 놀이터' 같은 시장이 있어요. 바로 미국 로스앤젤레스에 있는 파머스 마켓, 이름 그대로 농민 시장이에요.

 미국 로스앤젤레스에 있는 파머스 마켓은 전 세계적으로 유명한 곳이에요. 농부들이 시장의 주인이 되어 자유롭게 장사를 하기 때문이지요. 우리나라의 남대문 시장이나 동대문 시장처럼 미국 로스앤젤레스에 가면 꼭 한번 방문해야 하는 대표적인 명소가 되었지요. 그만큼 파머스 마켓에 가면 다양한 먹거리와 즐길 거리가 가득해요.

파머스 마켓은 로스앤젤레스의 중심부에 있어 누구든지 쉽게 찾을 수 있어요. 시장 입구에 들어서면 커다란 시계탑이 먼저 보여요. 모두 세 구역으로 나뉘어 있는데 거대한 주차장이 중앙에 자리 잡고 있어 방문하기 편해요. 북쪽에는 어린이만을 위한 야외 놀이터가 설치되어 있어요. 남쪽으로는 무려 200여 개의 상점이 손님을 기다리고 있어요. 게다가 세계 여러 나라의 다양한 음식을 바로 만들어 주는 식당이 100개 이상 늘어서 있어요. 파머스 마켓에 간 사람들은 하나같이 둘러앉아 여러 상점에서 산 음식을 맛보느라 정신이 없어요. 특히 '트롤리'라고 불리는 무료 전차가 주변의 관광지와 연결되어 있어 옛날식 전차를 타 보는 재미도 느껴 볼 수 있어요.

로스앤젤레스의 파머스 마켓은 1934년에 처음 생겼어요. 조금 있으면 100살이 되는 유서 깊은 시장이에요. 유럽 각국의 대표 시장은 적게는 수백 년, 많게는 1,000년이 넘는 역사를 자랑하는데, 그에 비해 역사가 짧은 것 같지요? 하지만 미국은 유럽인들이 아메리카 대륙으로 진출해 식민지 개척 시대를 거쳐 만들어진 나라예요. 미국이 만들어진 지 200년 정도밖에 되지 않았으니 100년 가깝게 이어 온 전통 시장이라면 꽤 오래된 시장이라 할 수 있지요. 게다가 중간 상인이 아닌 농민들이 중심이 되어 만들었다는 점은 전 세계적으로도 좋은 본보기가 되고 있어요.

파머스 마켓이 생기기 전에 이곳은 말과 소를 기르던 목장이었어요. 풀이 잘 자라고 기름진 이 땅을 눈여겨보던 길모어 할아버지는 망설임 없이 땅을 모조리 사들였지요. 길모어 할아버지는 이 땅에 더 많은 소와 말을 키워 큰돈을 모으려고 했어요. 그러기 위해서는 가축들에게 먹일 물이 필요했기 때문에 당장 지하수를 파기 시작했지요. 그런데 놀라운 일이 생기고 말았어요. 물이 나와야 할 곳에서 석유가 펑펑 쏟아진 거예요. 소를 키우던 목장이 순식간에 황금알을 낳는 거위로 바뀐 거예요. 이후에 로스앤젤레스가 거대 도시로 변화하면서 석유 채굴을 더 이상 할 수 없게 되자 농부들이 직접 나와 도시 사람들에게 신선한 먹거리를 제공하는 오늘날의 대규모 야외 시장으로 바뀌게 된 거예요.

파머스 마켓에는 재미있는 이야기가 또 있어요. 미국에서 영화 제작을 활발하게 하는 할리우드가 바로 파머스 마켓 가까운 곳에 있어요. 유명 영화배우들이 많이 사는 주택 단지 베벌리힐스도 멀지 않고요. 그래서 영화배우들이 파머스 마켓에 자주 찾아오곤 해요. 식사 준비가 귀찮을 때는 이른 아침부터 파머스 마켓 안에 있는 야외 테이블에 앉아 샌드위치와 신선한 오렌지 주스를 즐겨 먹어요. 다른

전통 시장에서는 볼 수 없는 파머스 마켓만의 특별한 볼거리예요.

　미국 전역에 농민들의 경제 활동에 도움을 주기 위한 파머스 마켓이 무려 8,000개나 된다고 해요. 사람들의 반응이 좋아 지금도 계속 늘어나고 있어요. 우리나라에도 농부들이 직접 농산물을 파는 직거래 장터가 많이 늘어나고 있어요. 이런 파머스 마켓을 찾아가 보는 것도 흥미로울 것 같아요.

반려견 쉼터가 있는 전통 시장, 캐나다 장딸롱 시장

캐나다 동쪽의 몬트리올 시내 중심가에는 장딸롱이라는 큰 상설 시장이 있어요. 북아메리카 대륙을 통틀어 가장 크고 활성화된 전통 시장이에요. 장딸롱 시장은 1년 내내 열리는 상설 시장인데 시장 가장자리 공간을 넓게 비워 둬요. 그리고 사람들이 활동을 많이 하는 5월부터 10월까지 300여 개 이상의 노점상 상인들이 장딸롱 시장을 찾아와요. 여름철 장딸롱 시장은 그야말로 활기와 웃음으로 가득 찹니다.

장딸롱 시장의 가장 큰 특징은 다문화라고 할 수 있어요. 캐나다는 영어를 쓰는 국가인데 특히 동부의 몬트리올 지역은 프랑스 이민자들이 모여 사는 곳으로 유명해요. 지금도 현지에서는 영어와 프랑스어를 공용어처럼 함께 쓰고 있어요. 장딸롱이라는 이름도 프랑스어에서 왔어요. 다양한 이민족이 모여 사는 도시인만큼 장딸롱 시장에서 파는 음식들은 그야말로 세계 음식 박람회를 떠올리게 해요.

현지 농부들이 생산한 신선한 재료를 사용하면서 이탈리아 요리, 프랑스의 제과, 치즈, 향신료, 캐나다의 육류와 채소, 멕시코와 남미의 요리 등 온갖 다양한 나라의 음식을 한자리에서 맛볼 수 있어요. 장딸롱 상인들의 세심함은 반려견 쉼터에서 잘 드러나요. 상인들이 시장 입구에 반려견 쉼터를 마련해 두고 손님들이 편하게 시장을 볼 수 있도록 한 거예요. 혹시라도 사랑하는 반려견이 사라질 것을 대비해 관리자도 따로 둘 정도예요. 북미 최대의 전통 시장으로 반려견과 함께 여행가고 싶지요?

> 탱고의 리듬이 흐르는 낭만의 골목
> **아르헨티나 산텔모 일요 시장**

 아르헨티나 하면 '탱고'가 유명하지요. 탱고는 아르헨티나의 상징적인 예술 장르로 잘 알려져 있어요. 아르헨티나의 수도 부에노스아이레스에는 장도 보면서 미술 감상도 하고 탱고도 배울 수 있는 독특한 시장이 있어요. 바로 산텔모 시장이에요. 부에노스아이레스의 대표적인 명소 두 곳 중 한 곳은 탱고의 발상지인 라 보까 거리이고, 다른 한 곳은 일요일마다 예술 축제장으로 변신하는 산텔모 거리예요. 시장에서 춤도 추고 그림도 감상하며 여유롭게 사람들과 만나

수다도 떨 수 있는 산텔모 시장은 아르헨티나 사람들이 즐겨 찾는 대표적인 문화 공간이랍니다.

산텔모 시장은 1897년에 처음 생겼어요. 평일에도 거리 곳곳에 시장이 열리지만 가장 큰 시장은 산텔모 일요 벼룩시장이에요. 매주 일요일에는 산텔모 거리에 줄을 서서 가야 할 만큼 사람들로 북적거려요. 먹거리, 볼거리, 놀거리가 가득하다 보니 어른 아이 할 것 없이 일요일마다 산텔모 거리로 쏟아져 나오는 거예요.

산텔모 시장이 처음부터 이렇게 붐비고 유명했던 건 아니에요. 원래는 물품을 보관하는 창고가 빽빽하게 들어선 매우 낙후된 지역이었어요. 근대화되면서 조금씩 변하기 시작했죠. 공장이 하나둘 생기자 사람들이 늘어나고 차츰 병원이 생기고 새로운 상가와 주거지가 들어서면서 산텔모 시장도 자연스럽게 만들어졌어요.

오늘날 산텔모 시장은 또 다른 모습이에요. 다른 곳에서는 볼 수 없는 역사와 예술 여행의 중심지로 바뀌었어요. 화려한 건축 양식에 길게 뻗은 골목, 일요일이면 북적대는 사람들, 그림을 고르는 손님, 음악을 연주하는 거리의 악사, 멋지게 차려입고 손님을 맞이하는 거리의 탱고 무용수…. 산텔모 시장은 마치 축제장에 온 듯한 착각이 들 정도로 이색적인 공간으로 다시 태어났어요.

산텔모 시장에 들어서면 가장 먼저 화려하고 고풍스러운 골동품

과 수많은 미술품이 눈에 띠어요. 그 규모와 화려함의 정도는 누가 봐도 예사롭지 않은 수준이에요. 단단하고 검은 가죽 위에 미세한 조각칼로 그림을 그리는 장인의 손길은 지나가던 사람들의 시선을 한눈에 사로잡아요. 그 옆에는 미술관에나 있을 법한 조각품과 공예품, 장신구들이 놓인 빨갛고 파란 깔개가 골목 끝까지 빽빽하게 늘어서 있지요.

산텔모 시장에는 왜 이렇게 오래된 골동품과 미술품이 많이 있을까요? 그 이유는 아르헨티나의 역사를 살펴보면 알 수 있어요. 남아메리카 국가 대부분이 그렇듯 아르헨티나도 과거에 스페인의 지배를 받았어요. 1580년부터 스페인의 식민지였으니 아주 오랫동안 스페인 문화의 영향을 받은 거예요. 당시 유럽 귀족들의 화려한 생활양식과 건축, 예술품 들이 그 무렵 아르헨티나로 넘어왔는데 주로 부에노스아이레스 항구로 들어왔어요.

19세기에 식민 시대가 막을 내리고 신생 공화국으로 다시 태어난 아르헨티나는 국민 수가 너무 적어 무엇을 해도 빨리 성장하기 어려운 상황에 직면했어요. 서둘러 강력한 이민 정책을 펼쳐 스페인, 포르투갈, 영국, 이탈리아, 러시아 등지에서 많은 이민족이 부에노스아이레스로 들어와 정착하기 시작했어요. 당시 산텔모 지역은 가장 많은 이주민이 거주했어요.

산텔모 시장은 부에노스아이레스 항구 바로 옆에 있어요. 수백 년 동안 유럽 귀족들이 지니던 수많은 예술품이 오늘날 골동품이 되어 지금의 산텔모 시장을 더욱더 멋스럽게 장식하고 있어요.

지금의 산텔모 벼룩시장은 오래된 골동품과 예술품뿐만 아니라 탱고를 추는 거리 예술가와 화가가 여행객을 반겨 줘요. 우리 돈 5,000원만 내면 초상화를 순식간에 그려 줘요. 특히 아르헨티나 사람들이 즐겨 마시는 마테차는 여행객의 사랑을 독차지해요. 약간 쌉싸래한 맛이 나는데 어른들은 아르헨티나의 전통 차라면서 계속 물을 부어 줘요.

산텔모 일요 벼룩시장은 오전 시간이 더 인기가 많아요. 오전에는 멀리 산간 마을에서 온 상인이 많아 특별한 물건을 많이 볼 수 있거든요. 오후에는 거리 공연이 많이 열려 야외 카페에 앉아 먹거리를 즐기며 축제 분위기를 맘껏 느낄 수 있지요. 산텔모의 주말은 항상 벼룩시장과 함께 분주하게 막을 내린답니다.

남미 인디오의 고향, 오타발로 인디오 주말 시장

에콰도르는 남미 전체를 통틀어 인디오의 비율이 가장 높은 나라예요. 에콰도르의 수도 키토에서 2시간 거리에 있는 오타발로는 인디오의 고향으로 불릴 만큼 인디오의 문화가 가장 많이 남아 있어요. 오타발로에서는 매주 토요일마다 대규모 노천 시장이 열리는데 남미 전역을 통틀어 가장 큰 수공예품 시장이에요. 남미의 인디오는 예로부터 손기술이 좋아서 안데스산맥의 양이나 라마의 털로 만든 옷감과 손으로 만드는 공예품 등이 유명해요. 오타발로 인디오 시장에 가면 라마의 털로 만든 판초를 살 수 있어요. 판초는 천 가운데 구멍을 뚫어 망토처럼 걸쳐 입는 옷으로 인디오의 상징이라 할 수 있어요. 그 밖에도 양털로 짠 모자와 담요 등을 저렴한 가격에 살 수 있어요.

시장에 가 보면 지역마다 주로 쓰는 천막이 있어 서로 다른 시장 풍경을 볼 수 있는데요. 오타발로 인디오 시장에서는 남미 특유의 파란색 천막을 사용하기 때문에 높은 곳에서 시장을 내려다보면 마치 파란 물결이 일렁거리는 것 같아요. 오타발로의 또 다른 명물은 토요일 아침마다 열리는 가축 시장이에요. 남미의 적도 주변에서 가장 큰 가축 시장이라고 하니 오타발로가 남미의 인디오 문화권에서 얼마나 중요한 역할을 하는지 알 수 있어요. 토요 가축 시장에서는 닭, 오리, 돼지, 남미 사람들의 단백질 공급원인 꾸이(안데스 지역에서 먹는 기니피그, 쥐과의 남미 전통 고기 요리)와 그 밖에 양과 라마를 많이 볼 수 있어요. 안데스 지방은 고원 지대이기 때문에 높은 지대에서도 잘 살고 고기와 우유, 가죽을 얻을 수 있는 양과 라마가 아주 중요해요. 오타발로 토요 가축 시장에서는 8만 원 정도면 라마 한 마리를 구입할 수 있다고 해요. 인디오의 고향 오타발로의 전통 시장과 가축 시장은 토요일에 가야 한다는 것을 잊지 마세요.

'거인의 미술 시간'이 된 고대 성벽 시장
모로코 메디나 가죽 시장

아프리카에는 모두 55개의 나라가 있어요. 지구상에서 두 번째로 큰 대륙인데 13억여 명이 살고 있지요. 그중 모로코는 아프리카의 북서쪽 끝에 위치해 유럽과 가깝고 지중해와 맞닿아 있어요. 한마디로 유럽과 아프리카 사하라 사막 지대를 연결하는 무역의 중심지라 할 수 있어요. 실제로 가 보면 유럽과 아프리카 양 대륙의 문화가 공존하는 국가예요.

모로코에는 최근 유럽 사람들에게 인기 있는 대표적인 전통 시장이 있어요. 바로 페스Fez의 성벽 안에 자리 잡은 알록달록한 전통 가죽 시장이에요. 페스는 모로코의 수도 라바트에서 동쪽으로 160킬로미터 떨어진 곳으로 모로코에서 가장 오래된 이슬람 도시예요. 1912년까지 모로코의 1,000년 역사를 간직한 수도로 지금까지도 모로코 사람들의 정신적 고향으로 불리는 도시예요.

페스에는 '메디나'라는 특별한 구역이 있어요. 모로코의 옛 건축 양식과 문화가 살아 있는 구시가를 뜻해요. 메디나는 우리나라 서울의 한양 도성처럼 16킬로미터에 달하는 긴 성벽이 도시를 크게 감싸고 있어요. 주민들이 드나드는 출입구가 사방에 18개가 있고, 중심에 있는 부즐루드 입구에는 도시를 상징하는 푸른색 타일과 이슬람을 상징하는 초록색 타일이 화려하게 장식되어 있지요.

메디나에는 가방, 옷, 전통 슬리퍼, 가죽 공예, 금속 기념품, 지갑, 전통 음식 등을 파는 상점 수천여 개가 흩어져 있어요. 과거 주민과 도시를 보호하기 위해 세워진 성벽 안에 건물이 빼곡히 들어서자 자연스럽게 좁고 긴 골목이 발달하기 시작했어요. 지금은 무려 9,800여 개의 Y자형 골목이 거미줄처럼 복잡하게 얽혀 있어 '세계에서 가장 미로 같은 시장'으로 불려요. 시장 구경 나갔다가 길을 잃어버리고 헤매는 사람이 한두 명이 아니랍니다. 미로 같은 메디나의 골목 시장은 흥미롭지만, 블랙홀 같은 마법의 시장이라 할 수 있지요.

　페스의 메디나 전통 시장이 유명한 것은 동물 가죽의 가공 과정을 실제로 볼 수 있는 '탄네리'가 있기 때문이에요. 탄네리는 가죽 무두질을 하는 곳이에요. 무두질은 동물의 생가죽이나 실 따위를 잘 손질하고 매만져서 부드럽고 건조하게 만드는 과정을 말해요. 그래야만 튼튼한 가죽 가방도 만들고 추위를 막아 줄 가죽 코트도 만들 수 있으니까요.

　메디나 전통 시장 안에는 3개의 크고 작은 탄네리가 있는데 미로 속에 갇혀 쉽게 찾기도 어려워요. 탄네리에는 튼튼한 벽돌로 동그랗게 만들어진 수조 100여 개가 나란히 설치되어 있어요. 각각의 동그란 수조 안에 빨간색, 노란색, 파란색, 보라색, 검은색 등 온갖 알록달록한 염료들이 채워져 있지요. 얇은 반바지만 입은 일꾼이 힘겨운 듯 땀을 뻘뻘 흘리며 가죽을 손질하고 다양한 색으로 가죽을 염색해요. 동그란 수조에 담긴 염료 색깔이 너무 아름다워서 여행객들은 마치 거인의 미술 시간처럼 탄네리의 아름다운 풍경에 눈을 뗄 수 없어요.

탄네리에서는 1,000년 동안 이어져 온 전통 염색 방식을 지키고 있어요. 빨간색은 개양귀비 꽃, 초록색은 민트, 노란색은 사프란 꽃, 갈색은 나무껍질에서 추출한 자연 재료를 사용하는 거예요. 하지만 탄네리에는 숨길 수 없는 약점이 있어요. 바로 지독한 냄새예요. 탄네리에는 선명한 색을 내기 위해 사용한 온갖 화학 약품과 자연 재료들이 뒤섞여 코를 찌르는 듯한 악취가 진동하거든요. 얼마 전까지

모로코 메디나 가죽 시장

가죽을 부드럽게 하려고 동물의 배설물까지 사용했다고 하니 탄네리의 냄새가 어느 정도일지 짐작할 수 있겠죠? 그래서 여행객들은 가죽 골목에 들어서자마자 코를 틀어막고 얼굴을 찡그리게 돼요. 이를 보고 모로코 사람들은 예상했다는 듯 크게 웃지요. 탄네리 사람들은 냄새를 참지 못하는 여행객에게 로즈마리 풀잎을 선물해요. 잠시나마 지독한 냄새를 참아 보라는 거예요.

세상에서 가장 복잡한 거미줄 전통 시장 '메디나'에는 가죽으로 만든 신발과 전통 악기가 많이 팔려요. 또 전통 음식을 담는 고깔모자 모양의 그릇도 여행객들에게 인기예요. 적들의 침입에 대비해 미로 같은 골목을 만들었다는 페스의 메디나 전통 시장은 오늘날 전 세계에서 찾아온 여행객에게 특별한 추억과 지독한 냄새를 동시에 선물한답니다.

파라오의 나라 이집트의 전통 시장, 칸 엘 칼릴리 시장

이집트의 수도 카이로는 아프리카와 유럽을 잇는 관문이기 때문에 다양한 시장이 발달했어요. 그중에서도 600년의 역사를 자랑하는 이집트의 만물상, 칸 엘 칼릴리 시장은 가장 유명한 전통 시장이에요. '칸'은 시장을 의미하는 말이에요.

1382년에 처음 시장이 열려 지금까지 매일 수십만 명의 관광객이 다녀갈 만큼 볼거리가 다양해요. 무엇보다 사람들이 칸 엘 칼리리 시장을 좋아하는 이유는 마치 동화 속에 나오는 옛 아랍 문화의 이색적인 풍경이 아직도 많이 남아 있기 때문이에요. 산만하게 나열된 시장과 골목골목 드리워진 천, 가축과 사람들이 어우러져 이국적인 풍경을 자아낸답니다.

지금은 1,500여 개의 상점이 골목골목 미로처럼 펼쳐져 있어요. 주로 향신료와 금, 은, 수공예품, 가죽, 의류, 향수, 골동품 등을 판매하는데 피라미드와 파라오와

같은 이집트 유물을 형상화한 기념품이 관광객에게 인기가 많아요.
특히 인류 최초의 종이였던 '파피루스'도 구할 수 있어요. 파피루스가 이집트에서 처음 발명되었다는 건 알고 있지요? 옛날에는 이집트 전역에 파피루스 풀이 무성했는데 지금은 일부 지역에서만 조금씩 자라고 있대요. 카이로의 칸 엘 칼릴리 시장에서는 파피루스를 포함한 이집트 문명의 흔적을 자세히 들여다볼 수 있어요.

흑인 노예를 팔던 슬픈 역사의 공간
남아프리카 공화국 그린 마켓

　남아프리카 공화국의 그린 마켓은 다른 나라의 대표 시장처럼 규모가 엄청나게 크거나 화려하지 않아요. 영국을 대표하는 버러 마켓이나 터키의 그랜드 바자르 같은 시장에 비하면 초라하기 짝이 없지요. 거래되는 품목이 다양하긴 하지만 그린 마켓에는 눈에 띄는 특산품도 없어요. 하지만 아프리카 사람들의 슬픈 역사가 깃든 매우 의미 있는 전통 시장이에요. 지금은 아프리카 사람들을 먹여 살리는 곳이지만 과거에는 그들을 끊임없이 고통스럽게 만들었던 뼈아픈 장소니까요.

　남아프리카 공화국은 아프리카의 맨 아래쪽에 위치해 있어요. 일찍이 영국의 지배를 받았기 때문에 정치, 경제, 산업, 문화가 발달했고, 백인의 비율도 매우 높아요. 영토는 우리나라보다 12배 넓지만 인구수는 우리와 비슷한 수준이에요.

　남아프리카 공화국의 케이프타운 중심에 가면 그린 마켓 광장이 있어요. 이곳이 케이프타운의 명소인 그린 마켓이 열리는 곳이에요. 평소에는 소규모로 운영되고 매주 일요일에만 열리는 벼룩시장이 유명해요. 남아프리카 공화국은 무려 350여 년 동안 영국의 지배를 받았어요. 그러다 보니 시장의 형태가 대부분 유럽과 비슷해져 우리처럼 대형 쇼핑센터가 즐비하지요. 그중 매주 일요일에 열리는 그린 마켓이 유일하게 야외 전통 시장으로 남아 있어요.

　그린 마켓에서는 주로 아프리카의 냄새가 물씬 풍기는 여러 가지 여행 기념품을 많이 팔아요. 아프리카의 전통 공예품과 나무로 깎아 만든 야생 동물 조각품, 천연 옷감으로 만든 가방과 수공예품, 동물의 뼈로 만든 반지와 목걸이, 액세서리 같은 아프리카 고유의 물건을 실컷 볼 수 있지요. 특히 아프리카 사람들이 자주 하는 레게 머리 스타일을 아주 저렴하게 할 수 있어요. 머리카락 한 올 한 올을 전부 땋아 붙이는 손놀림이 얼마나 빠르고 섬세한지 몰라요.

지금은 여행자들의 성지처럼 되어 버린 전통 시장이지만 그린 마켓에는 아프리카 원주민들만 기억하는 슬픈 사연이 있어요. 바로 흑인 노예를 사고파는 노예 시장이 열렸던 곳이거든요. 지금 아프리카 원주민은 그린 마켓에서 물건을 파는 상인이 되었지만 불과 100여 년 전까지만 해도 자신들이 노예로 사고팔렸어요. 그래서 그 의미가 남다를 거예요.

1492년 콜럼버스가 신대륙을 발견했다는 이야기는 들어 봤지요? 유럽의 강대국들이 배를 타고 아프리카와 남아메리카 등지로 나가 식민지를 개척하던 16세기와 17세기를 이른바 '대항해 시대'라고 해요. 그린 마켓은 그 시기에 처음 생겼어요. 유럽의 배가 대서양을 타고 내려와 아프리카를 지나 아시아와 남아메리카로 가는 여정 중간쯤에 위치한 케이프타운은 매우 중요한 쉼터가 되었어요. 오랜 항해에 필요한 먹거리와 생필품을 대 주는 중간 기착지가 필요했으니까요. 그린 마켓은 대항해 시대에 자연스럽게 발달한 항구 옆 작은 노천 시장이었답니다.

하지만 당시에는 흑인을 노예로 삼고 강제로 노동을 착취하던 시대였어요. 유럽 사람들이 식민지에서 강제로 빼앗은 흑인을 사고팔며 씻을 수 없는 악행을 저질렀지요. 그린 마켓은 오늘날 외국인 관광객을 모으고 아프리카의 추억을 판매하는 현대적 시장이 되었지

만 그 이면에는 350년에 걸친 아프리카 사람들의 뼈아픈 역사가 얽힌 곳이랍니다.

그렇다고 그린 마켓에 지금도 어두운 그림자가 남아 있는 건 아니에요. 매주 일요일 그린 마켓에 가면 여덟 살, 열 살쯤 된 귀여운 소녀들의 신나는 댄스 공연을 볼 수 있고, 아프리카의 전통 음식과 동물 인형을 사려고 모여든 세계 각국의 여행객들을 만날 수 있어요. 아프리카의 전통 드럼인 젬베를 사기 위해 상인들과 흥정하는 모습도 흔히 볼 수 있지요. 당도가 최고인 망고와 오렌지를 직접 짜서 파는 신선한 생과일 주스는 어디에서도 맛볼 수 없는 맛이에요. 나라를 잃고 노예가 됐던 흑인들이 당당하게 주인이 되어 이끌어 가는 곳, 그린 마켓의 새로운 모습이랍니다.

나이지리아 라고스의 이케자 전통 시장

아프리카 중서부의 기니만에 있는 나이지리아는 아프리카 최대의 원유 수출국으로 남아프리카 공화국보다 훨씬 더 빠르게 경제 성장을 한 신흥 경제국이라 할 수 있지요. 나이지리아의 옛 수도였던 라고스에서 열리는 이케자 전통 시장이 주목을 끌고 있어요.

1991년까지 나이지리아의 수도였던 라고스는 인구 2,000만 명이 넘는 대도시가 되어 아프리카에서 이집트의 카이로 다음으로 가장 큰 상업 도시로 발달했어요. 그중 라고스 이케자 시장은 전통과 현대가 어우러진 지역 장터로 유명해요. 아프리카 특유의 온갖 열대 과일이 산더미처럼 진열돼 있고 얼룩말, 코끼리, 기린, 사자, 원숭이 등 손으로 깎아 만든 투박한 나무 공예품이 관광객을 기다리고 있지요.

무엇보다 신기한 건 아프리카처럼 더운 나라에서 돼지고기, 소고기 같은 육류를 냉장고에 넣지도 않고 시장 좌판에 꺼내 놓고 파는 거예요. 전기 시설이 부족한 이유도 있지만 우리가 생각하는 것만큼 빨리 상하지 않는 이유도 있어요. 아프리카의 햇볕이 너무 뜨거워 육류가 상하기 전에 마르기 때문이에요. 또한 습도가 높지 않아 생각보다 빨리 상하지 않는다고 해요. 물론 위생을 위해서 매일 가져온 생고기는 그날그날 다 팔아 없애지만요. 아프리카의 전통과 현대가 어우러진 라고스의 이케자 시장은 복잡하지만 지역 색깔이 풍부하게 담긴 전통 시장이랍니다.

4장
시장의 미래

시장은 어떤 과정을 거쳐 성장했을까?

    우리나라에 시장이 처음 생긴 건 490년 신라 소지왕 때 당시 신라의 수도였던 지금의 경주에서였어요. 공식적인 역사 기록에 따르면 1,500년 전 삼국 시대부터 시장이 시작되었다고 해요.

  시장이 생기기 이전에는 자급자족이나 물물 교환으로 필요한 물건을 구했지만, 시장이 생기면서 나라에서도 시장을 적극적으로 육성하고 기능을 확대했지요. 생산, 유통, 소비가 나누어지면서 시장 경제의 주춧돌이 만들어졌어요. 과거의 시장에서는 필요한 물건을 사면서 주변 소식을 듣고 덩달아 재미있는 유랑 극단의 놀이도 즐길 수 있었어요. 시장은 조선 시대 후기에 가장 발달하면서 송상, 만상, 유상, 내상처럼 지역별 상인 그룹도 나오게 되었어요. 특히 전국을 떠돌며 먼 지역의 상품을 소규모로 유통시키는 등짐장수, 봇짐장수 들이 큰 역할을 했지요.

그러나 산업화를 거치면서 시장은 크게 변화했어요. 가장 큰 원인은 산업화에 따른 인구의 이동이었어요. 농경 사회였던 예전에는 평야가 많은 남서쪽에 인구가 더 많았지만 1960년대 이후 산업화, 공업화 시대를 거치면서 사람들은 농촌을 떠나 도시로 모여들기 시작했어요. 많은 사람이 일자리를 찾아 도시로 떠나 다양한 직종으로 직업을 바꾸기 시작했지요. 그래서 서울과 경기도 인구가 급격히 증가했고 부산, 울산 등 공업 도시들이 새롭게 주목을 받았어요. 우리나라에서 도시가 차지하는 비율이 16퍼센트 정도 되는데, 인구 10명 중 9명이 도시에 모여 사는 독특한 현상이 나타나게 됐어요.

인구가 줄어든 지역의 소도시들은 자연스럽게 시장이 쇠퇴하기 시작했어요. 매일 열리던 상설 시장은 사라지고 오일장이 더 적합한 환경으로 바뀐 거예요. 인구 감소가 가속화되면서 비정기 시장 역할을 했던 오일장의 수도 점점 줄어들게 되었어요. 당연히 작은 지역의 시장들은 손님이 줄어들었고 도시는 인구 밀도가 높아져 시장도

더욱 다양하고 새로운 모습으로 생겨나게 됐지요. 현대 사회에서는 청과물 시장, 수산물 시장, 장난감 시장, 중고 시장 등 한 가지 상품만 전문으로 파는 전문 시장이 많이 발달했어요.

이와 함께 교통과 통신이 발달하면서 시장에 큰 위기가 찾아왔어요. 교통이 발달하면서 유통이 쉬워지고 도시에 대형 쇼핑센터가 들어서면서 시장의 인기가 줄어들게 된 거예요. 시장이 가까이 있지 않아도 사람들은 자동차를 이용해 자신이 좋아하는 대형 마트를 쉽게 찾아갈 수 있게 되었어요. 최근에는 인터넷, TV 홈쇼핑 등 직접 시장에 가지 않더라도 물건을 어디에서나 쉽게 구

할 수 있게 되었지요.

현대적인 시장은 새로운 변화들이 생겨나고 있어요. 시장에 대형 지붕을 설치해 비나 눈이 와도 편하게 장을 보며 시장에 머무를 수 있어요. 또한 무거운 물건을 손님이 직접 들고 다니지

않고 가정까지 배달해 주는 서비스도 늘어나고 있어요. 손님이 많이 찾는 주말에는 각종 문화 공연과 이벤트를 열고 있어요.

  오늘날 시장에서는 물건을 사기만 하는 것이 아니라 먹고 싶은 식재료를 구입해 시장에 마련된 즉석 식당에 가서 바로 요리를 해 먹을 수 있어요. 수산물 시장에서는 생선을 구입해 바로 회나 찜으로 요리해 주는 서비스가 있고, 육류 전통 시장에서는 고기를 사서 곧바로 구워 먹을 수 있는 서비스가 인기를 끌고 있지요. 또 젊은이들이 많이 찾는 서울 광장시장에 가면 다양한 간식과 먹거리를 골고루 맛볼 수 있어요. 현대의 시장은 인구의 이동, 산업화, 도시화, 현대화에 따른 다양한 변화를 극복하기 위해 톡톡 튀는 아이디어로 '시장에 가는 재미'를 끊임없이 만들어 가고 있어요.

오늘날 시장이 쇠락하는 이유는 무엇일까?

 농경 시대에서 공업화, 산업화 시대를 거치면서 시장은 하루가 다르게 변화해 왔어요. 교통과 통신의 발달, 새로운 과학 기술의 발달로 마을마다 건재하던 시장이 점차 위협을 받고 있어요. 지역 도시들이 축소되고 인구가 이동하면서 시장을 찾는 사람이 줄어들 뿐만 아니라 먹는 문화가 다양해지면서 어린이와 젊은 층에게도 점차 외면을 받고 있지요. 지역별로 여전히 많은 사람에게 인기를 누리며 북적대는 시장이 있는가 하면 어떤 지역에서는 시장을 찾는 사람이 줄어들면서 상인들도 울상을 짓고 있어요.

많은 사람이 시장이 쇠락하는 이유로 급격한 정보 통신의 발달을 꼽고 있어요. 과학 기술을 기반으로 한 인터넷, 스마트폰, TV 홈쇼핑 등 전통 시장에 가지 않아도 집에서 손가락으로 클릭만 하면 어떤 물건이든 쉽게 살 수 있는 세상이 되었으니까요. 시장에서 상인들이 파는 물건이 신선하고 좋은 건 사실이지만, 현대의 기술은 밤 12시에도 집에서 전 세계 어느 곳에 있는 물건이라도 손쉽게 쇼핑할 수 있거든요. 전 세계적으로 배달 문화가 가장 발달한 우리나라는 밤

12시에 주문을 해도 다음 날 아침 현관문 앞에 물건을 직접 배송해 줍니다. 이보다 편리할 수가 없는 거지요. 이러한 정보 통신 기술의 발달로 시장을 찾는 횟수가 줄어들고 있습니다.

음식, 패션, 예술, 스포츠 등 동서양의 문화 교류가 활발해지면서 가장 크게 달라진 건 한국인들의 식생활 문화라 할 수 있어요. 과거에는 시장에서 당일 구입한 신선한 재료로 부모님이 직접 만들어 주는 고등어조림, 김치찌개, 된장찌개, 두부조림, 시금치나물, 김 등 건강한 음식을 먹는 게 일반적이었다면 요즘은 바쁜 부모를 대신해 편의점에서 쉽게 살 수 있는 피자, 햄버거, 즉석 음식, 빵 등 가공식품 소비가 늘고 있어요. 이처럼 달라진 식생활 문화의 차이로 어린이들은 전통 시장이 익숙하지 않아요.

시장은 대체로 야외 공간에 자리하고 있다 보니 무더운 한여름이나 추운 겨울에는 더욱 시장을 찾지 않게 돼요. 여러분은 어떻게 생각하나요? 오늘날 우리의 소중한 전통 시장이 사람들에게 점점 잊히는 원인은 무엇일까요? 삼국 시대부터 현재까지 우리나라의 먹거리를 책임져 왔던 시장이 현대에 와서 점차 쇠락해지는 이유가 무엇일까요? 여러분도 함께 생각해 보아요.

> **시장의 현대화! 과연 필요할까?**

　많은 사람이 오래전부터 시장을 되살리기 위해 다양한 노력을 기울이고 있어요. 특히 시장에서 일하는 상인들은 각 지역별로 상인협회 같은 조직을 만들어 힘을 모으고 있지요. 정부에서도 시장을 살리기 위한 각종 정책과 지원을 아끼지 않고 있어요.

　특히 시장의 상인들은 소비자의 불편을 조금이라도 없애 주려고 각종 현대화 사업을 진행하고 있어요. 시장의 환경 개선 사업을 통해 지붕도 새로 만들고 공중화장실도 깨끗하게 관리하고 있지요. 주차장 시설도 대폭 확대해 이용자들의 편의를 도와주고 있어요. 그래야만 좀 더 많은 사람이 전통 시장으로 찾아올 테니까요. 최근에는 시장 내 모든 상점의 간판을 새롭게 교체하는 작업도 진행하고 있어요.

하지만 시장의 현대화 과정을 반대하는 사람들도 있어요. 대형 마트와는 달리 시장에서만 느낄 수 있었던 고향의 느낌과 인간적인 교류 등 전통 시장만의 멋이 사라지기 때문이에요. 결국 시장의 근본적인 역할과 장점을 살리지 않고 시설만 현대적으로 바꾸는 것은 대형 쇼핑센터와 그 모습이 비슷해질 뿐이라는 것이죠.

반면 다른 생각을 하는 사람도 적지 않아요. 시장 상인들도 춥고 더운 야외 공간에서 언제까지 불편하게만 지낼 수는 없다는 거지요. 낙후된 시설을 불편하게 여기는 것은 소비자뿐만 아니라 시장의 상인들도 마찬가지인데 시장이라고 해서 옛것만을 고집하라는 것은 너무 불공평하다는 거예요. 시장의 현대화는 소비자의 불편도 해소하고 더불어 상인들의 근무 환경도 개선하는 데 매우 의미 있는 과정이라고 주장하고 있어요.

전통 시장이 점차 현대적으로 바뀌는 모습. 여러분은 어떻게 생각하나요?

다른 나라의 시장은 급변하는 환경을 어떻게 극복할까?

생선이 날아다니는 미국 시애틀의 파이크 플레이스 마켓

시애틀은 미국의 북서부 끝의 바다와 인접한 도시예요. 이곳에 1907년부터 문을 열어 지금까지 사람들에게 꾸준한 사랑을 받는 대표적인 전통 시장이 있어요. 바로 파이크 플레이스 마켓이랍니다. 시애틀의 주요 거리인 파이크 스트리트에 있다 하여 붙여진 이름이에요. 신선한 생선을 파는 피시 마켓이지요.

파이크 플레이스 마켓은 건물을 현대화하거나 특별히 문화 공연을 많이 하는 등의 마케팅 전략을 취하지 않았어요. 대신 꾸준히 저렴한 가격의 좋은 상품을 제공해 지역 주민에게 없어서는 안 될 먹거리 장터로 자리 잡았지요.

파이크 플레이스에 가면 시장 상인이 생선을 던지는 '플라잉 쇼'를 볼 수 있어요. 손님이 원하는 생선을 고르면 시장 상인은 생선 이름을 외치며 다른 직원에게 손질할 생선을 힘껏 던지는 거예요. 손님들은 갑자기 날아다니는 생선을 보며 깜짝 놀라지요.

'날아다니는 피시 마켓'으로 입소문이 나자 상인들은 경쟁하듯 더 많은 생선을 던지기 시작했어요. 파이크 플레이스 마켓은 미국 CNN 방송국에서 취재할 정도로 유명해졌지요. 요즘에는 현지인뿐 아니라 시애틀을 찾는 외국인 관광객도 이곳을 꾸준히 찾아오고 있어요. 손님에게 즐거움을 주고 전통 시장을 다시 찾게 만든 시애틀 상인들의 노력, 정말 멋지지 않나요?

지역적 특색과 개성을 지키는 터키의 베식타스 피시 마켓

베식타스 피시 마켓은 터키 이스탄불의 또 다른 관광 명소로 알려진 곳이에요. 100년 동안 한 번도 문을 닫지 않고 언제나 손님을 맞아 주는 그야말로 살아 있는 수산 시장이라 할 수 있어요. 무엇보다 베식타스 피시 마켓이 주목을 받는 건 다른 도시들이 똑같이 겪었던 시장의 침체기를 자기만의 방식으로 극복했기 때문이에요. 전통 시장의 역습이라고 할까요?

2006년 시장 상인들의 의견을 빠짐없이 모아 '조개 모양을 본뜬 삼각형 지붕'으로 시장을 개조한 뒤 기적이 일어났어요. 특이하게

생긴 삼각형 전통 시장을 보겠다며 많은 사람이 베식타스 피시 마켓으로 몰려들기 시작했어요. 특히 시장 상인들의 추억이 담긴 시장 한곳에 옛 스타일의 전구와 소품을 그대로 활용하고 사방에 빛과 바람이 잘 통하도록 시장을 설계해 오늘날 이스탄불의 그랜드 바자르 시장에 버금가는 큰 인기를 끌고 있어요.

100년이 넘도록 이어진 전통 시장이지만 시설이 낡고 불편했기 때문에 현대화 사업을 피해 갈 수 없었어요. 시장 상인들은 시장을 현대에 적합하게 바꾸어도 안쪽은 원래의 모습을 최대한 간직하려고 노력했어요. 결국 외형적 변화를 통해 새롭게 옷을 갈아입은 전통 시장으로 바뀌었답니다.

도서관과 전통 시장이 함께하는 이색 조합, 일본 아우가 전통 시장

일본의 아우가 전통 시장은 일본 열도의 북부에 있는 인구 30만 명의 아오모리에 위치해 있어요. 아오모리는 바다를 끼고 있는 항구 도시이기 때문에 예로부터 수산물이 매우 풍부했어요. 오랫동안 사랑받던 아우가 전통 시장도 환경이 변하면서 손님이 줄어들며 침체기가 찾아왔어요. 상인들은 차츰 수익도 줄고 전통 시장에 대한 불편함이 늘어나면서 어려운 시간을 보냈어요. 그 때문에 시장의 시설을 현대화하지 않을 수 없었다고 해요.

 하지만 아우가 시장 상인들은 뭔가 자신들만의 장점과 특색을 살려 차별화된 전통 시장으로 거듭나기를 원했어요. 그래서 탄생한 것이 '페스티벌 시티 아우가Festival City Auga'에요. 낙후된 재래 시장에 지하 2층, 지상 8층의 거대한 현대적 쇼핑센터를 세우고 건물 안

시장은 옛 모습을 최대한 간직한 채 건물 위쪽에는 많은 시민이 찾아올 수 있는 도서관과 문화 시설을 만들었어요.

평소에는 전통 시장에서 어린이를 잘 볼 수 없었지만 쇼핑센터처럼 바뀐 아우가 시장 건물에는 어린이들이 꾸준히 찾아온다고 해요. 장을 보거나 문화생활을 하는 것 모두 요즘 사람들에게 없어서는 안 될 활동이에요. 이곳을 방문하는 어린이들은 마치 건물 전체를 축제 즐기듯 돌아다닌대요.

요즘에는 시장이라는 말보다 아우가 쇼핑센터라고 불러요. 시장이라는 말을 하지 않아도 옛 전통 시장의 기능을 그대로 유지하고 있으니 별문제가 없는 거지요. 페스티벌 시티 아우가의 주변에는 아오모리의 대표 특산물인 사과 전문 시장도 있어서 관광객들에게 친절하게 안내해 주고 있어요.

앞으로 시장은 어떻게 변할까?

가상 공간으로 옮겨 간 시장, 얼굴과 소리만으로 결제하는 시장

미래의 시장은 어떤 모습일까요? 많은 사람이 상인을 대신해 로봇이 판매를 책임지게 될 거라고 예상하고 있어요. 산지에서 농부들이 생산한 수확물을 시장에서는 로봇과 무인 상점이 판매와 유통을 도맡게 되는 거지요. 신선도가 중요한 농산물, 수산물 시장보다는 슈퍼마켓과 같이 잘 썩지 않고 오래 보관할 수 있는 생활필수품을 파는 상점이 먼저 사라질 수 있다고 해요. 유통과 포장 기술이 발달

하면서 생활용품은 시간에 얽매이지 않고 인터넷이나 모바일로 구매해 배달 받을 수 있기 때문이에요.

집에서도 물건을 쉽게 구할 수 있는 홈쇼핑이 대세를 이룰 것이라고 전망해요. 이미 TV나 인터넷, 스마트폰이 시장의 기능을 대신하고 있는 상황이라 이러한 쇼핑의 형태는 당분간 계속될 거라고 예상하는 거예요. 동네마다 있던 시장은 사라지고 눈에 보이지 않는 가상 공간의 시장이 더욱 활성화될 거라고 해요. 굳이 특정 공간을 갖고 있지 않아도 가상 공간에서 생산자와 소비자가 소통하며 시장을 형성하는 거지요. 눈에 보이지 않는 시장이라고 해서 시장의 역할이 위축되는 건 아니에요. 생산자는 좀 더 편리한 유통 시스템을 이용해 중간 상인이 아니라 소비자에게 곧바로 팔 수 있어 좀 더 많은 이득을 남길 수 있고 소비자도 전국 각지의 생산자를 가상 공간의 시장에서 만나 거래를 할 수 있지요.

또한 나날이 발달하는 로봇 기술은 새로운 미래의 시장을 예고하고 있어요. 손님이 언제 시장을 방문하고 어떤 물건을 주로 사며 어떤 것을 좋아하는지 등이 누적된 빅데이터를 통해 손님이 좋아할 만한 물건을 인공 지능으로 예측하는 거예요. 앞으로는 필요한 물건을 말하기도 전에 로봇 상인이 가져다주는 세상이 올 수도 있답니다.

가장 획기적으로 달라지는 모습은 돈을 쓰는 방식이에요. 지금은 주로 신용 카드로 물건을 구입하고 있지만, 앞으로는 카드로 결제하는 방식이 완전히 사라지게 될 거예요. 이미 세계 여러 나라에서 다양한 기술을 선보이고 있는데 그중 빠른 시일 안에 적용될 결제 방식은 바로 안면 인식 기술과 목소리예요.

사람의 얼굴만 인식해도 금방 신분을 알 수 있고 그 사람의 이름으로 자동 결제가 되는 거예요. 또한 인공 지능이 목소리의 특성을 파악해 "생선 두 마리 살게요."라고 하면 그 목소리만 듣고도 자동으로 결제가 되는 거예요. 심지어 손가락 끝 혹은 귀 뒤쪽에 아주 작은 칩을 장착해 신분증, 보안 카드, 신용 카드를 대신할 수 있는 시대가 곧 올 거라고 해요. 앞으로 다가올 시장에서는 시장이 가상 공간으로 옮겨 가는 것뿐만 아니라, 눈에 보이는 화폐도 사라지게 될지도 몰라요.

모든 것이 가상 공간으로 옮기고 나면 도대체 무엇이 남을까요? 첨단 기술이 아무리 발달해도 사회 안에서 공동체 생활을 하는 현대의 사람들은 이런 변화의 문제점을 잘 극복해 나가야 해요. 전통 시장처럼 우리에게 꼭 필요한 공간이라면 모두가 필요로 하는 좋은 장점을 살려 오랫동안 함께할 수 있도록 지혜를 짜내야 해요. 지금부터라도 시작해 봐요.

나오는 말

세계의 시장에는 정말 특별하고 다양한 역사가 깃들어 있어요. 단순한 먹거리가 아니라 그 나라의 현재와 미래, 과거의 풍습과 문화까지 찾아볼 수 있지요. 오늘날 어려움에 직면한 시장의 변화는 상인들뿐만 아니라 사회 더 나아가 국가 전체의 고민이 되었어요. 시장은 우리 생활에 없어서는 안 될 만큼 중요한 것이지만 사람들의 입맛이 변하고 인구 감소, 교통 발달, 기술 변화, 소비 방식이 변함에 따라 근본적인 변화를 찾지 않을 수 없어요.

최근 우리나라에서는 해외의 성공적인 전통 시장 운영 사례를 연구하고 지역마다 시장 활성화를 위해 전통 시장 상품권을 개발해 사용하기도 해요. 전통 시장 상품권이란 상품권에 지역을 설정해 그 지역에서만 사용할 수 있는 상품권이에요. 지역 화폐라고도 하지요. 공공 기관에서는 시민들에게 상품이나 선물을 줄 때 이런 지역 상품권을 제공해 해당 지역에서 반드시 소비를 할 수 있도록 제도적으로 권장하는 거예요.

그뿐만이 아니에요. 지역마다 청년 상인들이 전통 시장을 찾아가 다양한 방법으로 교류하고 있어요. 청년들은 전통 시장의 장점을 발굴해 좀 더 많은 사람에게 보여질 수 있도록 새롭게 가공하는 일을 돕고 직접 상점을 차려 판매를 촉진하는 등 전통 시장에 활력을 불어넣고 있지요. 또한 청년들은 전통 시장의 재료를 활용해 요즘 젊은 사람이 좋아하는 퓨전 음식을 개발하고 수익도 창출할 수 있는 다양한 방식을 고안해 내고 있어요. 그렇게 되면 결국 시장을 찾는 사람도 늘어나고 인기 있는 요리 재료는 시장에서 더 잘 팔릴 테니 모두에게 도움이 될 수 있다는 거예요. 이렇듯 오늘날의 전통 시장은 옛 시장의 멋을 그대로 간직하면서 변화하는 시대에 맞게 거듭나기 위해 끊임없이 노력하고 있어요.

지금까지 세계 각국의 도시마다 특색 있게 성장하고 있는 전통 시장을 살펴봤어요. 노란 치즈 덩어리를 가득 쌓아 놓고 독특한 지게로 나르는 네덜란드의 치즈 시장, 온갖 새로운 요리법을 개발하고 신문까지 발행하는 영국 런던의 버러 마켓, 낙타 수백 마리를 한꺼

번에 볼 수 있는 인도의 낙타 시장, 예술 작품처럼 멋진 지붕으로 유명해진 스페인의 전통 시장 등 세계의 시장은 제각각 고난의 시기를 거쳐 오늘날 세계 최대의 전통 시장으로 자리 잡았어요. 그저 필요한 채소나 과일 정도를 파는 곳으로만 생각했지만 각국의 대표 시장은 그 나라의 민족성과 생활 문화, 풍습, 식량의 변화, 패션 심지어 독립운동과 같은 정치적 역할까지 해 왔다니 정말 놀라울 따름이에요.

이렇게 소중한 세계의 전통 시장이 위기에 처했다는 사실도 알 수 있었어요. 시장이 어려움을 겪을 때마다 사람들은 힘을 모아 시장을 되살리기 위해 끊임없이 노력했지요. 공간을 좀 더 편리하게 바꾸거나 서비스를 확대하고 볼거리와 먹거리를 새롭게 단장하는 등 시장에 활력을 불어넣기 위한 여러 나라의 다양한 아이디어도 엿볼 수 있었어요.

어떻게 하면 소중한 전통 시장이 더욱 사랑받을 수 있을지 함께 고민해 보면 어떨까요? 놀이공원에 온 가족이 손잡고 놀러가듯 가족과 친구들이 전통 시장을 더 자주 찾게 하려면 어떤 방법이 좋을까요? 이 책을 읽는 여러분도 한번 생각해 보길 바랍니다.